建築生産と法制度

建築主，設計・監理者，施工者のためのQ&A

日本建築学会 編

技報堂出版

本書作成関係委員会

●建築法制委員会（2015年度～2016年度）

委員長	杉山　義孝
幹　事	有田　智一　　飯田　直彦　　小川　富由　　加藤　健三
	桑田　　仁　　西野加奈子　　平野　吉信
委　員	（略）

●建築法制委員会（2017年度～2018年度）

委員長	加藤　仁美
幹　事	小川　富由　　加藤　健三　　桑田　　仁　　五條　　渉
	中西　正彦
委　員	（略）

●建築生産関係者と法規範を巡る論点に関する基礎的研究小委員会
（2015年度～2018年度）

主　査	小川　富由
幹　事	杉山　義孝
委　員	五條　　渉　　菅谷　朋子　　竹市　尚広　　西野加奈子
	日置　雅晴　　平野　吉信　　松本　光平

執筆者一覧

小川　富由　（住宅保証機構㈱）
五條　　渉　（（一財）日本建築防災協会）
菅谷　朋子　（弁護士，聖橋法律事務所）
杉山　義孝　（（一財）日本建築設備・昇降機センター）
竹市　尚広　（㈱竹中工務店）
西野加奈子　（（一社）建築・住宅国際機構）
日置　雅晴　（弁護士，神楽坂キーストーン法律事務所）
平野　吉信　（広島大学名誉教授）
松本　光平　（明海大学名誉教授）

（2018年8月現在，五十音順）

はじめに

研究の目的

　本書は，日本建築学会建築法制委員会に設けられた「建築生産関係者と法規範を巡る論点に関する基礎的研究小委員会」での成果をまとめたものである。この小委員会では，建築生産に関する現行法制度が，発注者や受注者らの建築生産関係者に対して，生産実態や法意識などの点でどのような作用を及ぼしているかを研究課題として2015(平成27)年から分析を行った。現行法制度は，建築生産での基本となる関係者間の契約等の行為を律している民法を中心とした私法，および公共の福祉を確保する観点から建築物に関して一定の要求を行っている建築基準法等の行政法から構成される。ここでは，現行法制度の基本的考え方を整理するとともに，現行法制度が実態上建築生産関係者間の関係をさまざまに規定し調整している点に着目し，判例や行政府による解釈文書等を基に，現行法制度の法解釈の到達点について調査し，明らかになっている点，いまだに明らかになっていない点について整理することにより，建築生産における各種行為とその関係者に対して法的規制や法的保護などが作用する実態を明らかにすることを試みた。

　建築物については，大規模なものから小規模なものまで，また用途の違いによって関係する法制度が対象によって異なってくるとともに建築物の生産に携わる人々も多様で，それぞれの人々が日々現場で扱っている事象も相当に多様であるが，建築生産関係者が共通の認識として持ちえる課題に絞って分析・考察を行っている。

具体的な問題意識

　建築は，多数の関係者によって生産され，設置されて管理される。この過程には利害や能力が異なる多数の関係者が参加する。このことにより関係者間でさまざまの問題や紛争が起こりやすい。例えば，建築の発注者は一定の経済力を基に一定の機能を発揮する建築物を求めても，機能の発揮を検証する技術的能力に不足する場合が多いため，出来上がった建築物と発注意図との（客観的あるいは主

観的)齟齬などに起因する紛争が生じやすい。当然それは金銭の支払いや権利関係の移転などの紛争に反映する。また，建築の生産や管理に当たってはさまざまな専門領域の異なる者がさまざまな過程に参加しており，責任能力をめぐってこれらの紛争に巻き込まれることになる。

　具体的な類型としては，まず設計契約の不適合に関する紛争が起こりやすい。建築の設計者は，発注者の求めに応じた建築物を設計するが，そこには専門家（建築士）としての設計者の意図も反映する。設計行為において従うべき条件についての解釈ないし設計条件と設計意図との関係，あるいは設計結果についての責任の考え方も多様で，設計行為が請負であるか委任であるかで議論があるなど一様ではない。また，工事監理については，さらに実態と建築士法等との法制度との間では乖離があることが指摘されている。

　また，設計内容や施工内容が，公共の福祉の確保など社会的規範と合致しているかを検証する過程（建築確認・検査）においては，合致すべき規範（基準）をどう解釈しどう判断するかについての議論がある。この議論は，基準の在り方や作成過程の在り方にも波及するが，建築生産過程における経済効率性の要請と判定者責任との狭間で十分な収束をみていないと見受けられる。

　建築物を構築する者（施工者・請負者）は，多数の専門家・専門職能者を組織して設計内容の実現を図り，多くの場合，契約不適合（瑕疵）については一義的に責任を負うと考えられているが，与えられた設計図書と不適合との関係や組織した関係者間での責任の分担に関する認識が一般化されていないと思われる。

　建築物を使用し管理する者については，建築物を購入した者である場合は発注者と同様の問題が発生する。また，建築物を一定の状態に保つことで事故等を防止する管理者責任の遂行とそれを助ける点検や修理等保全の専門家との関係体制の構築については未だ行政法の枠の中では十分には明確となっていない分野と考えられる。このような状況のなか，検証すべき論点としては，例えば，建築物をめぐる関係者の間での以下のような論点と，それに関する法規範について，基本的考え方がどうとらえられ理解がされているかがあげられる。

・現行法制度の原論的整理：民法や行政法からなる現行法制度の仕組みはなぜそうなっているか，相互にどのような関係にあるのか
・建築の生産過程をめぐる論点：発注，設計，確認，監理，検査などの過程は何を目的とし，どんなことが法的に期待されているのか
・建築設計や施工での契約をめぐる論点：実態からみて設計や施工での契約や法

適用では何が課題となっているのか
・建築生産における責任論：建築生産での事故や瑕疵の責任はどう分担され，解決されているのか
・維持管理における論点：維持管理での管理者責任の実態や規制の実態はどうなっているのか

　これらの論点について，法的枠組みの発展経緯と現状，枠組みの中で派生した紛争の事例と争われた論点，判例，実務者の認識，識者の主張などを踏まえて整理することにより，選定された論点についての現時点での建築実務における共通認識，あるいは共通認識として共有されることが望ましい事実認識をまとめ，建築生産関係者をはじめ広く一般に提供することを目的として分析・論考が作成されている。

　なお，本小委員会は「基礎的」と銘打っているように，関係者間で認識を共有すべき基本的事項の解明に重点を置くものであって個別具体の事案に深く立ち入るよりもむしろ，個々の事案に共通する社会制度や契約等の基本的・基礎的考え方を抽出することに力点を置いている。もとより，建築物は現場一品生産であるため，生産過程に参加する関係者がそれぞれの過程に対して共通の認識や見識を持つことは，ほかの製造物と比べて難しい。戸建住宅も美術館も高層ビルも建築物であるが，それぞれの建築に携わる建築生産関係者に見える生産の風景は大幅に異なっている。設計図書の内容，生産体制，発注者との関係など建築生産を取り巻く環境はさまざまである。また，発注者，受注者，販売者，購入者といった立場の違いが，建築生産過程を眺める視点に影響を及ぼしやすい。このため，例えば同じ「設計」という言葉を使っても，その意味するところ，意図するところは，実は関係者の置かれている状況によって大きく異なっている。同じ建築関係者でも同床異夢的なところがあり，それぞれが見ている，経験している建築生産過程等を踏まえて発言，主張していることが多いし，違いがあることを前提に議論を修正するということはなかなか行われにくい。京のカエルと大阪のカエルの昔話のように自らの経験というフィルターを通した議論に陥りやすい。ましてそれぞれの専門性が強まれば，いまさらほかの領域ではどうなっているのか聞けないということもあるだろう。このような状況を踏まえて，本研究では建築生産過程等で共通する法制度にかかわる課題について基本的・基礎的考え方を整理している。

　論考は，① 建築物と民法や行政法（法規制）に関する原則，② 建築の発注・

設計・監理・確認・検査をめぐる原則，③ 建築設計や施工の実務と契約・法適用をめぐる論点，④ 建築生産における各関係者の責任分担，⑤ 建築物の維持管理における論点の五つのグループに分けて整理し，現行法制度の基本的考え方や施行にあたっての考え方などの整理・解説，判例などに基づく現時点での法解釈の到達状況の整理，現行法制度の適用で課題のある点の指摘などを行っている。それぞれの設問に対して，その意図を説明するとともに，設問に対する答えを記述している。建築の初学者にとっては，建築生産過程で直面するかもしれないさまざまな紛争などの課題に対して全体像をあらかじめとらえることができるであろうし，現在，建築生産に関する紛争などに直面した場合は，該当箇所を見ることで少なくとも法的なとらえ方など大局的な見方を得ることができると考えられる。いずれにしても，建築物の生産は，その建築物が何であれ社会的な行為であって，その関係者は法的枠組みから逃れることは難しい。それを踏まえて生産行為と法との関係性を理解していただければ幸いである。なお，本文で引用されている法令はおおむね 2018 (平成 30) 年 4 月時点で施行されている法令に基づいているのでご注意願いたい。

2018 年 8 月

日本建築学会

目　　次

第1章　建築物と民法や行政法（法規制）に関する原則　　1

- **Q1**　建築物に対してなぜ法規制が必要であると考えられているのか……2
- **Q2**　建築基準法による建築規制には，どのような種類の規制があり，それぞれどのような機能等があると整理されているのか……6
- **Q3**　法規制に対する建築生産の各関係者の基本的立ち位置はどうなっているのか……9
- **Q4**　法規制の内容は，どの程度まで建築生産関係者に理解されているのか……13
- **Q5**　法規制を担保する建築確認・検査は，建築生産関係者にどう理解されているのか……17
- **Q6**　規制基準の構成や技術的助言，工業標準などの位置づけはどうなっているのか……21
- **Q7**　規制基準はどのように策定されるのか……25
- **Q8**　規制基準はなぜ複雑で難解になっていくのか……28
- **Q9**　建築規制の実施主体は誰か……32
- **Q10**　規制の適用の原則（その1）　実体規定と手続規定とは……36
- **Q11**　規制の適用の原則（その2）　遡及適用と既存不適格とは……40

第2章　建築の発注・設計・監理・確認・検査をめぐる原則　　45

- **Q12**　規制での最小限の要求が，発注者の最大限の要求に転化する背景とは……46

v

Q13 「良い建築」をめぐって，建築主と設計者の間で共通認識が
　　 育ちにくい背景とは ･････････････････････････････････････49

Q14 建築物の性能決定における建築主の役割と責任とは ･････････53

Q15 建築設計の法的定義はどうなっているのか ･････････････････57

Q16 設計図書（設計図・仕様書）で建築物の生産に関する情報は
　　 過不足なく伝達できるのか ･･･････････････････････････････60

Q17 建築設計は委任行為なのか，また，委任と請負の違いは何か ･･････64

Q18 工事監理とはなにか，その実態はどうなっており，
　　 実効性は確保されているのか ･････････････････････････････67

Q19 建築確認とはなにか，建築確認の法的意味を説明するとき出てくる
　　 羈束行為とは何か，裁量行為とどう違うと認識されているのか ･･････70

Q20 中間検査，完了検査の法的定義はどうなっているのか，
　　 その効果は何か ･･･73

Q21 建築生産のプロセスにおいて建築確認が効力を持つのは
　　 いつまでか ･･･76

Q22 検査済証のない建築物は，どのように取り扱われるのか ･････････79

第3章　建築設計や施工の実務と契約・法適用をめぐる論点　　83

Q23 建築主との建築設計契約はどのような形で結ばれることが
　　 求められているのか ･････････････････････････････････････84

Q24 設計図書の法・契約上の位置づけと現場の認識とでは
　　 乖離があるのではないか ･････････････････････････････････88

Q25 実務では，着工後に設計や施工で生じた変更の
　　 フィードバックはどうしているのか ･･･････････････････････92

Q26 設計変更の発生原因は何か，付随した契約変更の必要性は
　　 どう意識されているのか ･････････････････････････････････95

Q27 現在における建築士の法的責任はどのように
　　 整理されているのか ･････････････････････････････････････99

- **Q28** 施工契約において用いられる請負契約の原則はなにか ……………… 102
- **Q29** 施工契約において用いられる請負契約での瑕疵担保責任とは …… 106
- **Q30** なぜ日本の契約書は薄いのか…………………………………………… 110

第4章 建築生産における各関係者の責任分担   115

- **Q31** 各建築生産関係者の責任の原則（その1） 公法上の責任とは …… 116
- **Q32** 各建築生産関係者の責任の原則（その2） 私法上の責任とは …… 119
- **Q33** 各建築生産関係者の責任の原則において留意すべき点は何か …… 123
- **Q34** 建築主から建築生産者に対する責任追及の仕組みは
  どうなっているか……………………………………………………… 126
- **Q35** 関係者が多数の場合の責任分担の考え方には
  どのようなものがあるのか …………………………………………… 129
- **Q36** 第三者が損害を被った場合の救済手段としては
  どのような方法があるのか …………………………………………… 132
- **Q37** 建築主責任として問われる可能性があるのはどこまでか…………… 135
- **Q38** 建築確認で誤りが見過ごされた場合，
  建築士や建築主事らの責任はどうなるのか ………………………… 139

第5章 建築物の維持管理における論点   145

- **Q39** 建築物の所有者らの管理責任にはどのようなものがあるか ……… 146
- **Q40** 建築物の所有者らは，注意義務を尽くせば責任を負わないのか…… 149
- **Q41** 既存不適格を原因とする事故・災害が起こった場合の
  管理責任とは…………………………………………………………… 152
- **Q42** 改修等で事故等が起こった場合の責任は，
  設計・施工者の態様によって変わるのか …………………………… 155
- **Q43** 瑕疵の発現と生産者責任の実態はどうなっているか………………… 159

- Q44 実際に事故等で建築物の所有者または管理者の責任が問われたケースはあったのか，その場合はどの程度の責任が問われたのか……………………………………………………… 162
- Q45 維持管理時点での建築規制違反の発生プロセスとその防止策はどうなっているのか ……………………………………………… 166
- Q46 維持管理時点における建築規制違反の覚知と是正手続での課題とは ……………………………………………………………… 170

おわりに ……………………………………………………………… 175
索　引 ………………………………………………………………… 177

こぼれ話

羈束行為と解釈 ……………………………………………………… 31
建築物の定義とキワモノ建築 ……………………………………… 44
建築確認制度の限界 ………………………………………………… 52
大使館と建築基準法 ………………………………………………… 66
建築行政の日米比較 ………………………………………………… 91
遊戯施設はなぜ建築基準法対象？ ………………………………… 114
時々「炎上」する建築基準法違反事件 …………………………… 138
長屋とはなんでしょう　共同住宅とどこが違うの ……………… 143
建築基準法　2つの「適用しない」第3条, 第38条 …………… 144
工事監理をめぐる現実 ……………………………………………… 174

第1章

建築物と民法や行政法(法規制)に関する原則

　建築物の生産のほとんどは私人間の契約に基づき行われている。建築物を発注したり，設計や施工したりという行為を成立させるためには契約が必要である。生産に参加する私人は個人であったり法人・企業であったりするが，発注者と受注者の関係を基本として契約によって生産活動が分担されて行われる。発注者と受注者の関係は，仕事に対して対価を約束する債権関係を伴う契約関係であって，その基本は民法で示されている。

　一方，建築物の持つ，現場一品生産という生産の特殊性や空間を形成して人間活動の拠点として機能するという特性から，建築物は安全性などについての社会的要請に応えるために建築基準法を中心とした行政法(公法)の制限(法規制)を受けている。

　ここでは，民法と行政法の関係，建築の法規制の考え方と建築生産関係者の受け止め方，建築基準法での規制基準の策定，建築基準法の規制をめぐる基本的考え方などの原則を整理している。

Q1 建築物に対してなぜ法規制が必要であると考えられているのか

　建築物は地上等において，常に人間の生活や生産活動とともに建設設置されてきたものであり，今日において建築物は所有や売買，賃貸等の対象となる普遍的財である。歴史的に我が国では建築物は所有の対象であってその処分等は自由であり，建築物の取り扱いの自由が人権尊重の確保や市民社会の安定とともに経済活動発展の根幹的基礎となってきた。しかしその自由は公共の福祉に反しない限りにおいてである。公共の福祉に反すると考えられることが，一定の蓋然性を持って起こることが予測できる場合，予防のために行政法によって規制することが必要となり，規制することが認められよう。それは建築物の有する本来的な特徴に基づくものに起因することであるが，建築物の持つ本来的特徴とは何かをここでは考察する。

　建築物はすべからく財産として価値のあるものである。ほとんどの場合，私有財産，あるいは公的な機関の所有物であるので，民法上の契約によって建てられて取引されるものであるが，こうした財に対して，なぜ行政が介入し，一定の規制を加えるのかという疑問を持つ者もいると思われる。これは「建築物の財としての特徴」からくるものだといわれている。つまり，建築物はパソコンとか，自動車とか，工場で生産され，市場で流通している生産物とは違う側面があるということである。そして公共の福祉に反する存在として影響を及ぼす可能性があり，そのために事前にその影響を軽減する，ないしなくするために行政法による規制が必要となるものである。

● 私益（建築主の利益）と公益（公共の福祉）とは必ずしも一致しない

　建築物については，建築主の利益と公共の福祉とは必ずしも一致しない場合があるという特色がある。「建築の自由（財産権）」と「公共の福祉のための建築の制限の必要性」とはしばしば対立する。建築主には，「自分の安全は自分の必要な範囲で確保する」ことだけではなく，「周辺の市民や建築物内の利用者である不特定多数の者の安全を確保する」ことも考えてもらわなければならない。建築主の建物であっても，公共性の観点からも考慮すべき点があるという特色がある。

とりわけ建築物は個々人の財産であるとともに社会の生産・生活を支える基盤となっているものでもある。災害により広範に被害を受けた場合，社会としても地域経済が成り立たたなくなったり，コミュニティが崩壊するなどの回復が難しい損傷を受けたりする場合もある。したがって，建築の生産プロセス自体は民法上の契約関係の積み重ねによるわけであるが，この契約関係にすべて委ねてしまうと，出来上がった建築物としての安全性，あるいは公益性が確保されるとは限らないので，生産過程において公法上の規制が必要となってくる。

● **建物利用者らの安全性の確保（単体規定）**

建築物の利用に関しては，建物所有者はもちろんであるが，そのほかの者も含めて建物利用者の安全を確保しなければならないという考え方である。特に，劇場，デパートのような不特定多数のさまざまな人が集まって利用する建物は，建築基準法上，特殊建築物と定義されている。このような建物に加わるさまざまな外力から建物の内部空間を利用する人の安全を確保することが重要である。建物に加わる外力や荷重としては地震力，風力，自重，積雪荷重などが想定されている。それから，災害時等には建物倒壊の可能性もあるので，当然，その建物の周辺への影響も配慮しなければならない。したがって，建物所有者のことだけ考えるのではなくて，その建物の持っている社会性，公益性も考える必要があるということであろう。

● **接地性＝外部波及効果（集団規定）**

建築物の持つ接地性という特色である。建築物は，土地に定着して建てられるので，ほかの財のように財自体が自力，他力を問わずそのものが移動するということはないものである。建築物は，単体で効果や意味を持つわけではなくて，その空間が利用されるに当たっては道路，電気，ガス，水道，下水道などさまざまなインフラとの接続関係が整備されて初めて価値を有するものである。それから，建築物は日影とか高さとか，ほかの建物との相隣関係にも影響してくる。これらのインフラや相隣関係との調整という意味において，建物に対する公的規制が必要という考え方が出てくる。特に，相隣関係については，民法の規定にもあるが，建築基準法の規定は，あらかじめ予測可能な領域についての補完ないし特則と理解されている。

● 建築物の性能は確かめにくい

建築物の性能は完成した後では見た目では確かめにくいという特色を有している。建物に期待する性能や機能としては，「用・強・美」といわれるが，有用さ，強さ，それから美しさというものがあるが，こういう性能や機能を客観的に確かめるのは難しいことである。パソコンや自動車であれば，出来上がった製品をチェックして，そういう性能があるかどうかを確かめるための技術や手法がたくさんあるが，建築物に関しては，それをチェックしようと思っても，出来上がった建物を壊して調べなければならないとか，性能検査費用が高くつくなどの特色がある。したがって，出来上がった建築物を検査するのではなく，建設過程の中できちんと検査確認することが必要となり，そのための規制が求められてくる。

● 建築物に係る関係者間の情報の非対称性

建築主と建築生産関係者間の建築に関する情報の非対称性と不完全性ということがある。「設計をプロに任せる」，あるいは「工事を頼む」「施工者に任せる」ということについて，契約当事者の一方である建築主は，多くの場合建築に関する情報についてはほとんど素人で建築に関して知らないということがある。残念であるが，多くの場合，建築主が建築について十分な知識を持っていないことはやむを得ないことである。しかも建築物を建てるには多くの工程を経て，多く建築関係業者が関与し建築されるものであるから，それに携わる人のそれぞれ個別の知識も情報の非対称性を有している。設計を担当する人，部材を扱う人，工事を請け負う人など，それぞれの工程で，それぞれの立場で一番都合のよいことを選択する可能性があるわけで，その選択が必ずしも建築主にとっての最善を考えているわけではない。こうしたことがあるので，それぞれの工程について法適合性についてチェックする機能が必要になってくる。

● 建築物を造るプロセスの特殊性
　＝長いプロセスと多様な人々による協働

建築物は，非常に長い生産プロセスを経て，多様な人たちの協働によって造られていくという生産の仕組み自体の特色がある。建物を造るプロセスは通常は，設計して，設計に基づいて材料を調達して，現場で建てて，中間的なチェックや出来上がった建物の検査確認をする。そこには材料とか設備とか，多種多様なものが入り込んでくる。建物では，例えば，戸建て住宅でも，部品点数にしたら数

万点に及ぶといわれている。長時間のプロセスと多数の部品によって出来上がっていくということになると，その場面，場面で建築に携わる人たちの最適解が，建物全体ないし建築主の最適解とは限らないことも起こってくる。例えば，ある材料を調達する場合，依頼を受けた人が調達した材料は，材料を調達する側にとってみれば，一番安くていい材料なのかもしれないが，その材料を使って現場で組み立てる側にとってみれば，非常に施工しにくい材料になる可能性もある。あるいは，施工する人はこういう施工がいいと思っていても，その後で設備を取り付ける人はそういう施工では困るという場面も起こってくる。したがって，建物の生産プロセスの中で当事者が最適だと思うものが，必ずしも最終的な最適にはならないという性格を有している。建物の生産プロセスは，現在，多くの場合は，重層的下請構造となっている。こうした生産構造で生産を行うと採算性と効率は上がるが，その一方で，こうした分業化により出来上がった建物が必ずしも安全とは限らなくなるという特殊性を有している。

Q2 建築基準法による建築規制には，どのような種類の規制があり，それぞれどのような機能等があると整理されているのか

建築基準法は法の目的として「建築物の敷地，構造，設備及び用途に関する最低の基準を定めて，国民の生命，健康及び財産の保護を図り，もって公共の福祉の増進に資することを目的とする」と定めている。定められている基準は単体規定と集団規定に分けて記述してある。これらの二種類の基準群に基づく建築規制にはどのような目的及び機能があるのかということがこの設問である。

A2

● **単体規定**

単体規定は日本の国土上に新規に建築されるすべての建築物に適用される。対象建築物の用途，規模，構造等の種類別によって規定されているので基準は異なっているが同種の建築物に対しては，公共団体ごとに違いはなく同じ基準が適用される。もちろん法に基づく条例で地域の事情を反映した基準の上乗せや横だし追加は認められている。建築生産の観点からいえば単体規定は産業政策的視点としても理解できる。地方自治の業務とはいえもし建築確認が行われる際に，単体規定の基準が特定行政庁ごとに異なっていると生産システムの側からみると地域によって基準が違ってしまうことになり，生産側にとってまことに生産効率の悪い不都合なものとなってしまうからである。

建築基準法に定義する建築物とは土地に定着する工作物で雨露を凌ぐ屋根を有しておりそれを支える柱または壁のいずれかを有する構造物と定義されており，こうした建築物に付属する門や塀も含むとされている。そのほか工作物として野球場のようなスタンド形式のもの，地下街の構えやテレビ塔のように本来は別目的で建設される工作物の一部に設けられる店舗棟の施設も建築物とされる。こうした定義はさまざまな外力や火災等に対して生命や財産を守るべき対象としてとらえるべき空間を規制しようとするものであると理解できる。

単体規定として基準適合が求められる基準は事前明示されることが原則である。これは基準適合を確認する行政行為が羈束行為であることによるものと考えられる。

単体規定には
① さまざまな力学的外力に対する構造安全規定
② 防火避難規定（集団規定的市街地火災対策を含む）
③ 建築設備関係規定
④ 衛生や日常安全に関する規定
がある

　こうした基準は，国民の生命財産の安全を確保する視点でいえば必要最小限の事項に関して，最低限の基準として定めていることが本旨である。それは必要以上に行政が私有財産に介入しないという原則的考え方に基づいている。したがって建築基準法に定める基準より高い性能を求めることは全く否定されていないし，また事前明示されている基準以外のことに関して建築は自由であり，例えばデザインや意匠に関して規制するものではない。

● **集団規定**

　集団規定の役割は大きく二つあると考えてよい。一つはミクロ的相隣関係調整機能である。建築物は存在することによって周辺に何らかの影響を及ぼすことが起こり得る。建築物を建てる場合に市街地の中での土地条件に応じて，その建築物が隣接地や周辺地区の環境に与える影響を一定水準以下にとどめる一般的規制である。影響が一般的で個別性が弱い場合や発生源を規制することが困難な影響に関して建築物に対して立地上の観点から規制を行うことが適切な場合である。周辺に及ぼす影響を規制する法制としてはこれとは別に公害防止関係法令がある。それは騒音や振動汚水の排出など工学的に測定可能な影響で，及ぼす範囲を明らかにしやすく，規制する基準に関して合意形成が可能な場合等，発生源に関して規制を行うことが適切な場合では公害関係法でも規制されることになる。

　二つ目はインフラに対応するマクロ的床配分機能である。都市内に建築される建築床総量を都市基盤施設（鉄道・道路・公園・下水道・エネルギー等）への負荷ととらえて，市街地全体の都市基盤施設と許容床総量と調整し，整合を図り適切に配置・配分する等の機能である。

　これら二つの機能についての具体的な規制方法としては① 建築物の用途の規制，② 建築物の高さや斜線制限，日影の規制等の形態規制，③ 容積率による建築物床面積の規制という方法を用いて行っている。

① 建物用途の規制

　都市計画区域内とりわけ線引きをした市街化区域内では13種類の用途地域のうち必要なものが都市計画によって定められる。この定められた用途地域内では，用途地域によって建築できる用途の建築物と建築できない用途の建築物が定められている。建築物はその使用目的，使用方法等によって建築物の種類が用途によって表現され用途地域と連動して立地規制されることになる。これは不適切な用途混在を防ぐミクロ的相隣関係の調整機能でもあり，インフラ対応の床配分調整機能でもある。

② 建築物の高さや斜線制限，日影の規制，建ぺい率等の形態規制・配置の規制

　建築物の高さ規制，各種斜線制限，また各種誘導制度に基づく配置の規制といった形態規制は，個別，連立また密集した建築物による相隣への影響を受忍の限度以下に導くという相隣関係調整機能を持つものである。また日照や日影，圧迫感等の隣接する敷地間の軋轢を事前に防止する役目を果たしている。またこの方法は高さ規制等マクロ的床配分調整機能も果たしている。

③ 容積率規制

　用途地域がゾーンごとに指定されるとあらかじめ示され規定された容積率，建ぺい率が選択的に都市計画によって決定されることになる。指定された容積率，建ぺい率に基づいてゾーン全体の建築物の総床面積が求められることになる。建築物から発生する交通量，使用ないし処理する上下水道料量，電気，ガス等のエネルギー使用量等が推計でき，都市全体に対するマクロな床配分が適正であるかどうかを都市インフラ等の供給サイドと調整することとなる。

　このように建築基準法の規定する基準は別系統の二つの基準を併せ持つ性格を有している。

Q3 法規制に対する建築生産の各関係者の基本的立ち位置はどうなっているのか

建築物は，使用する者や周辺にいる者などの第三者に対して安全面などで一定の責任を負っている。その果たすべき責任範囲を明示するのが法規制である。だが，我が国の風土では一般に国民意識と法とは乖離があるといわれている。建築の生産に関係する発注者や設計者，施工者，使用者などの各関係者には，法規制はどうとらえられているのだろうか。法規制というものに対してどのような立ち位置，つまり基本姿勢，考え方を執りがちなのかを考察する。

A3 ● 建築主・所有者・国民の保護

建築の法規制の代表的なものが行政法である建築基準法である。法の目的は第1条で「この法律は，建築物の敷地，構造，設備及び用途に関する最低の基準を定めて，国民の生命，健康及び財産の保護を図り，もつて公共の福祉の増進に資することを目的とする。」と書かれており，建築主や所有者にとっては財産の保護，使用者にとっては生命，健康の保護をうたっている。この法律の目的は，いわば財産保護であり使用者保護である。また，「国民の」といっているように，使用者だけでなく，例えば建築物が倒壊した場合や火災によって火の粉が飛び散る場合等を考えればある程度離れたところにいる者も保護していることになる。

具体的な保護の方法は，設計図書が基準に適合していることの確認済証や，中間検査，完了検査の検査済証が渡されることで行われる。建築主や所有者は，これらの書類によって使用者など第三者に対して法令の適合を証明する。ただし，建築物は長期にわたって存在するものなので，検査済証は完成後に付加された規制内容に対しては法適合を担保することはできない。これは既存不適格問題といわれるものであるが，ここでは指摘だけに留めておく（Q_{11} 参照）。

保護の内容は，基準法が「公共の福祉の増進に資する」ものとして具体的に法令で規定している「最低の基準」の範囲に限られている。だが，法意識の薄い国民性のもとでは，例えば，「そもそも国が決めているのだから」という立ち位置にこだわって，「当然，こうしたことも，ああしたことも法律で守られているは

ず」と解釈の幅がずれるという現象が生じやすい。これは，法律そのものが規制の目的や具体的な要求について一般国民がわかりやすい形で示していないということも一因であろう。「法律を読んでも内容はよくわからないが，ともかく法律なのだから」という判断を導きがちである。また，これは法を守るという点についても同様で，本質を理解して守るというよりは形式的な遵守に傾きがちで，「法律だから，役所が言うから」という態度になりがちである。

● **設計者・施工者に対する制約**

一方，規制は自由な行為に対して制約を与える。法規制は，法で定めた基準を守る義務を与えるものであるから，すべからく行動の自由度が下がる。建築の生産に直接かかわっている者にとっては，これを造る側に対する制約，自由度に対する阻害要因ととらえる傾向が強い。

規制の内容には，大別して建築物の内容（用途，形態，部位の寸法，構造強度，火災安全性など）を定める実体規定と建築物の生産行為で手順を追って行わなければならないことを定める手続規定があり，後者はプロセスを管理することで建築物が実体規定に合致することを担保する性格も持っている（Q_{10} 参照）。それぞれについて規制による制約が出てくる。

建築物は，特定の敷地に限定されるとはいえ，現場における一品生産であり造る内容の自由度は，比較的大きい。それに対して実体規定では，大きさや高さ，用途，各部位の寸法，使われる資機材などに制限を与えることになるから，建築物の用途，部位の仕様，空間の大きさなどについて何らかの意図を持つ建築主，あるいは意図をくみ取りたい設計者に対しては制約と受け止められる。また，施工者にとっても現場の安全管理などに影響する規制については，それによってコストがかさみ利益が少なくなると考えれば制約と受け止めるだろう。

手続きなどについての規定は，申請・届出を行う，表示を行う，専門性のある者の関与を義務づける，第三者による確認検査を義務づける，などがあるが，所与の手続きが必要以上に煩雑であると思われると，時間や自由度の制約要因や費用面での制約要因ととらえられる。実は，建築基準法の施行初期には確認申請も十分に行われず，その後周辺とのトラブルの増加で確認申請だけは行われるようになったものの，阪神淡路大震災後の1998（平成10）年度でも完了検査の実施率は4割で推移していた。したがって，法があっても執行体制がなければ建築の生産に直接かかわる者からは面倒なことだと忌避される傾向はある。

しかしながら，制約を感じることがあるとはいえ，彼らも法遵守については国民の義務として容認している。規制の必要性が説明され，手続きなどでの執行体制が十分であれば規制をしっかりと受け止めることになるが，十分な理解が乏しいと「法律だから，役所が言うから，役所と面倒を起こしても時間の無駄だから」と長いものに巻かれろ式の形式的な遵守に傾きがちである。

● **法規制を総合的にとらえる視点**

このように，建築基準法による法規制は所有者や使用者，周辺の者に対しては建築の安全等を保証し，保護を与える一方で，建築生産者に対しては自由度の制約を課しており両者に相反するような立ち位置を提供している。建築活動は幅広く行われ多くの目に触れ，耳に聞かれる事象であるから，両者の立ち位置は，一般社会に対しても反映されやすい。日照権問題，日米貿易摩擦，シックハウスやアスベスト問題，構造計算書偽装事件など事故，事件，社会問題などの発生状況によって世論は情緒的なものの影響を受けやすく，流動し沸騰しやすい。世論は，相反する立ち位置を反映して，その時々で「法の欠陥で，いらぬ不合理な規制を押しつけられている」という主張から「法を守らぬとはけしからん」あるいは「こんな重要なことが法で保護されていないのはおかしい」という主張へと極端な方向に揺らぎバランスを失いやすい。

建築の法規制については，所有者や使用者，周辺の者には法規制をもってしても建築の安全，財産としての保護を絶対的に保証しているものではないことが理解されてもよいと思われる一方，設計者・施工者らの生産者には法令を遵守することによって反射的に自らへの法的保護が与えられていることがもっと理解されてもよいと思われる。実は，法規制の体系は，関係者相互を安定させ補完する役割も同時に果たしている。そのバランスが重要である。

最古の法典であるハムラビ法典には有名な「目には目を，歯には歯を」という応報主義の罰則がうたわれ，建築についても「もし，建築家が人のために家を建て，その工事が強固でなく，建てた家が倒壊し，家の主人を死に至らしめたときは，建築家は死刑に処せられる」とされているが，これには文字どおりの意味のほかに，「建築家は命を持って罪をあがなうが，建築家の家族までは危害を及ぼさない」という保証を与えているとも読むことができる。それによって，将来に対する一定の確実性を想定できることになる。これは法制度が社会にもたらす大きな果実であって社会の安定に大いに寄与しているといわれている。

つまり，法に従う限りは，社会的責任を果たしたことが保証され，従事する者の職業や業務に対して一定の安定性が保証される。資格制度や事業者制度が安定し，同様に，特定の資機材を生産する者は安定して生産を行うことができる。さらには，このような制度的枠組みが与えられることで，建築物の生産をめぐって個人や企業の活動が安定して行われることになり，長期的な投資が行われることになる。このように，建築規制の法体系は建築関係者間で対立を作り出しているように見えても実は相互補完的な関係を作り出している。建築生産関係者は，この理解を共有し，社会変化に応じて規制内容の合理性の確保や責任分担も含めた手続き規定の合理化を追求し，バランスの良いものへとたゆまない改善を続けることが求められている。

Q4 法規制の内容は，どの程度まで建築生産関係者に理解されているのか

各建築生産関係者の法規制に対する立ち位置をみる場合，そもそも彼らに求められている理解度についても検討しておく必要がある。例えば，建築規制の内容について各建築生産関係者に求められる理解度が異なれば，おのずと相互理解が成り立ちにくくなり，結果として建築生産関係者間の対立が先鋭化する可能性がある。また，法令そのものが，各建築生産関係者にとってわかりにくくなるような構成上，表現上の問題を持っているという指摘もあり，一般人や関係者が建築規制の理解を進めるための「ノルディックモデル」といった方法論も提唱されている。

A4 ● 法規制の熟知を義務づけられた建築生産関係者は限られている。

建築の生産過程では多数の関係者が関与するが，そのなかで法規制について熟知していなくてはならないのは設計者と建築主事・確認検査機関等の確認検査者に限られる。両者とも建築士資格を有することが必須条件となっている。したがって，法規制が遵守されるためには建築生産過程の設計，工事監理，確認，検査において資格者である建築士が十分に関与することが求められる。建築基準法及び建築士法は，建築士及び建築主事・確認検査機関等が少なくとも建築基準法，消防法，都市計画法などの建築確認対象法令（建築基準法施行令第9条参照）について十全な知識を有していることを求めている。建築士は，統計によれば2016（平成28）年度末で一級建築士約37万人，二級建築士と木造建築士で約78万人，合計115万人が登録されているが，法令の改正などが頻繁にあり，CPD（継続的専門教育）とか資格の更新講習などが導入されているものの彼らが法令の変化に追いつくのは大変だともいわれている。設計業務は一級建築士事務所約7.7万，二級及び木造建築士事務所約2.7万合計約10万事務所により提供されているが，このうち約4万事務所が個人事務所であり，零細規模の事務所が多い。これを反映して規制内容の高度化・複雑化が進んでいる大規模な建築物の生産過程では，意匠設計，構造設計，設備設計と専門性が細分化され分担して業務が行われているのが現状で，全体から細部までを一人の建築家

が総覧的に見ることができることはまれである。

　一方，建設業法によれば，建築施工者は，大規模建築の建築現場において主任技術者，監理技術者を設置する必要がある。だが，その資格要件としては施工時の工程管理，品質管理や安全管理などに関する知識を求めているのであって，必ずしも建築物に求められる規制の内容を熟知することは求められていない。下請施工者や資機材納入者に至っては，建築の一部分に関与するのみであるから，該当する部分について工事手順や資機材の品質に関連して何が求められているかを熟知している必要があるものの，全体に対する理解，知識までは期待しにくい。

　建築主は，建築を創造する際の中心に位置するわけであるから，法規制の内容を知っていることが道義的には求められるが，実際は一般人であって，法規制の内容を十全に知ることが義務づけられているわけではない。現行の法体系は，建築主であっても一般人としてもつ建築の知識には限界があることを前提に構成されている。ただし，第三者に販売することや賃貸することを目的に多数の建築物を反復継続的に建築している建築主については，ほかの建築生産関係者との関係性を踏まえると一般人と同列に論ずるべきではないとの声もある（**Q**$_{14}$ 参照）。

　使用者にとって，建築物は普段の使い方を知っておけばそれでよいと考えられがちだが，火災など不測の事態における対処方法の啓蒙啓発が必要で，防災訓練などが行われている。周辺の者は，周辺環境に影響がある部分に対して敏感であるだろうから，少なくとも市街地に居住する一般人は，建築に関して法規制が存在し無届工事は違法であるといったことはおそらく理解していると思われるが，必ずしも建築物に求められる法規制の内容を詳しく知っているわけではない。一般人にとっては，建築物は難しく考えることなく自由に快適に使えることが当たり前で，それ以上のことは何も考えないのが普通である。だが一般知識としての啓蒙啓発も必要で建築や都市についての理解が進めば，それは建築主に反映されるだろうし，そのことは建築の生産過程に直接関与する者たちへ良い影響を与えることになると期待される。

● **法規制の理解を妨げる法自体がもつ課題**

　他方，建築規制の内容を示す法文の書き方についても課題がある。法令の条文を読むとわかるが，個別の規制についてその目的や求める機能についての言及はない。法文の書き方は正確性と簡潔さを旨としているのであって，法規制の目的や建築に求められる機能を一般人が理解できるように平易に記述してはいない。

特に政令や，告示といった技術的な内容を表現する法令の条文は，その性格上，一般人が理解できるようには書かれていないのが実態である（**Q₆**参照）。加えて，法規制の周辺を補完し，立法者や一般国民に対してわかりやすく規制の内容を伝える支援文書が少なすぎる。現行の我が国における課題の一つは，法規制の頂点を構成する部分である目的，求められる機能について，一般人及び立法者が必ずしも明確に理解し共有できる形となっていないことにあるのではないか。規制はその理由が理解されて初めて順守されると考えるのが通常であって，理解を求めずにただ強制するという姿勢では「法律だから，役所が言うから」という意識を醸成するだけで本当の順守は実現されないだろう。

少なくとも，一般人が建築に関する法規制の目的と求められる機能を定性的にでも理解できるようになれば，一般人である建築主とその他の建築生産関係者とのコミュニケーションのレベルが高まることが期待される。また，一般人を代表して立法を行う立法者にとってもこのような状況は適切な判断を下すうえで望ましい。

● 法規制の全体像を理解するためのノルディックモデル

法規制の体系には，手続規定と実体規定がある。建築物に対して求められているものが何かを示した実体規定は，歴史的な大規模災害，大規模事故などを踏まえて作り上げられてきた。例えば17世紀の江戸とロンドンでの市街地大火の発生が，江戸では茅葺きや板葺きの禁止と瓦葺きの義務づけという規制を生み，ロンドンでは石造などの耐火建築物の建設という規制を生んだ。それぞれが，その地において実現可能で効果のある規制を採用してきた。ただ，こういった事案に対応するために積み上げられた「べからず集」のような規制では建築物全体がどうでなければならないのか，それぞれの規制要求の間の均衡が適切かなどということはわかりにくい。また，各地各国で発達した規定が，例えば異なった寸法体系を持つなど相いれない実態があることで，建築資材などの生産や流通の効率性や合理性を阻害するとの指摘も生ずるようになった。このような背景から生まれたのが性能規定の考え方である。

実体規定において要求されているのは，「建築物の各部分の詳細仕様ではなく，どんな性能を持たなければならないか」であるとして性能規定の構成概念を示したのが欧州で提案されたノルディックモデルである。このモデルでは，法規制の目的・建築に求められる機能を一般人が理解できるように平易に記述した部分を

頂点にして，その目的・機能を実現するための個別の性能要求が記述され，さらに定量的で技術的な細則に向かって裾野が広がり，検証法，みなし仕様など専門家向けの技術的基準が底辺を支えるという構成となっている。一般人の代理である立法者が理解し議会で合意すべきは，規制の目的とそのための個別の機能要求であって，より詳細で定量的な性能要求や検証法は行政や建築生産実務の専門家に任せていくがその階層性は明確に理解されるように体系づけられるという考え方である。

上部は，国民・政策決定者レベルでの意思決定を示す

目的・目標の記述
(Objectives)

機能に関する記述
(Functional statemants)

性能に関する要求
(Performance requirements)

みなし仕様・評価方法
(Deemed-to-satisfy, Verification methods)

下部は，専門家向けの技術基準
建築規制におけるノルディックモデル
出典：ノルディック建築基準委員会 1976

Q5 法規制を担保する建築確認・検査は，建築生産関係者にどう理解されているのか

法規制の持つ意味は，建築生産関係者の立場によって異なる。法規制の実効性を確保するための仕組みである建築確認・検査は，異なる立場が先鋭的に衝突する場ともいえる。ここでは，建築主，設計者，確認検査者，施工者そして建築現場周辺の者というさまざまな建築生産関係者の建築確認・検査をめぐる本音を推測してみたい。

A5

● 建築主の本音

建築の法規制は，発注した建築物の適法性を担保するため建築確認・検査の手続きを定めている。建築主は，制度的に最も法の保護を受け，制度の果実を享受する立場ではあるが，実際は，自らが直接行うことではないので単なる手続きの一環と思っている程度ではないかと思われる。法の形式としては，確認を受け，検査を受けるのは建築主とされているが，実際は建築士や工事の請負事業者が手続きを代行しており，建築主は自らのために確認を受け，検査を受けているとまでは意識していない。したがって，建築の目的と費用と時間によっては，建築主は法規制に対して否定的な印象を持つ可能性もある。建築主ではあっても自らが長期的に使用するのではなく第三者に譲渡することを目的とした場合は，さらにそのような傾向が強くなりやすいと考えられる。

なお，以前は検査を受けると建築主にとっても不都合な指摘を受けるおそれがあると説明され，検査を受けないことに同意することで設計者・施工者と共犯関係に陥る場合があるといわれていたが，確認検査の実施体制が整備され検査結果の提出が融資・保険などで求められるなど他制度との連携が進むにしたがってこのようなケースは解消されつつあると思われる。

● 設計者の本音

設計者は，基本的に法規制は面倒な制約条件だと思いがちだと考えられる。特に建築物の規模が大きくなると意匠・構造・設備など設計対象が分野別に細分化されて，仕事が重層的に組み立てられているため，目の前のことと建築全体，建

築が社会に対して持つ責任，といった視点が欠ける傾向になりがちだと思われる。

また，設計者と確認検査者との間では法解釈をめぐるジレンマもかいま見える。設計者と確認検査者は法規制を間に対峙することになるが，両者とも法の文理解釈における専門家ではない。もちろん，法の解釈自体は誰でも自由であるが，字義的解釈と実体の理解において共通な土台がないとコミュニケーションが成り立ちにくい。字義的に保守的に解釈しようとする確認検査者と実情に応じた解釈の幅を求める設計者との間の溝はともすると埋めがたく開く場合がある。なお，以前は，行政組織内の専門家である建築主事と設計者が対峙しており，専門家としての立ち位置に加え行政事務であるために生じた柔軟性の欠如がさらに両者の溝を深める傾向があった。

1998（平成10）年改正で民間の確認検査機関ができたことについては，サービス水準が向上し，受付や審査期間の柔軟化などで手続き面での自由度が増していることが評価されている。また，法解釈におけるいわゆるグレーの部分で，設計者が遠慮せずに「白」と主張しやすくなったことも評価されている。だが，民間の確認検査機関は最終的な判断主体ではなく，建築敷地のある特定行政庁の建築審査会に不服審査請求が出されると，判断が覆る可能性があることに不安が残るという面がないわけではない。このため，設計者としては特定行政庁の解釈も含め「白」と「黒」をできるだけ明確に判別できるようにしてほしいという要請は常に存在する。だがこの流れがかえって基準の詳細化，複雑化を加速させているという点も指摘されている。いずれにしても，法基準の解釈をめぐっての設計者と確認検査者との関係では水掛け論的対立が本質的に内在する。

● 確認検査者の本音

確認検査者は，自らの仕事に誇りと責任を感じているが，社会及び建築生産過程において関係者に適切に受け止められていないと思っている傾向が見受けられる。特に民間の確認検査機関等では，手数料を払う者は，本当は建築主であって，確認検査者は建築主の利益の保護のために働いていることになるが，実際に窓口で手数料を支払うのは建築士や設計施工業者であり，彼らへの遠慮が当然働くことになる。

また，民間の確認検査機関では，設計者が反論を言いやすくなっている分，確認検査者はグレーを「白」に判断してほしいというという主張にさらされやすくなっている。このため設計者と同様に基準の明確化に対する要請があり基準の詳

細化，複雑化への圧力となっている。

　さらに確認検査業務の受注競争が激しい局面では，判断が甘く緩くなる方が受注に有利となる傾向についても問題だと感じている。また，建築物の存する場所の特定行政庁による建築確認の取り消しや審査瑕疵の発現に伴って発生する損害に対しては，確認検査の申請者から民事での損害賠償請求などが行われるようになってきており，経営のリスクにさらされていると感じている。

　特定行政庁に所属する建築主事の場合は，確認検査の申請者側からは「苛政は虎よりも猛なり」と受け止められているせいかどうかわからないが確認審査申請件数が激減しており，人材育成も含め行政としての業務の実施継続に困難を感じている。また，不服審査請求の窓口となる特定行政庁の立場からは，現地の状況や当該地域での判断について十分な情報を得ずに審査を実施する質の低い民間確認検査機関が存在することへの懸念が聞かれる。

● **施工者の本音**

　施工者にとっては，建築行為を開始し，遂行するための手続きとして法規制を満たすことが必要条件である。だが，設計者や工事監理者のように規制を直接的に受ける当事者ではないため必ずしも十分に確認検査を尊重しているわけではないというのが実情であろう。

　一方，設計内容の詳細さ，構造や設備など各分野の設計内容の調整の程度，工事監理の実際とも関係するが，施工者による現場での最終的な調整によって初めて建築は出来上がるという施工者の自負もあり，施工時点で現場の状況に応じて設計内容と異なる施工になることも実際上ないわけではない。そのため，建築行為を開始するための符牒のようにしかとらえられていなかった建築確認が厳格化され，中間検査も設けられ，さらに設計変更手続きが施工の工程や請負契約内容に影響するなど自らの業務に影響するようになったことへの抵抗感が見受けられる。工期と費用を制限内に収めるため，現場での統制を行い，重層的で複雑な生産過程の遂行していることに対して，負荷を感じるほどになると，手続き規定としての確認検査への抵抗感は大きいものになると思われる。

● **周辺の者の本音**

　周辺の者は，周辺環境に関するトラブルにおいて建築行為を止める場合の根拠として理解されている。確認の表示のない建築工事などは，周辺の通報によって

停止されることが多い。また，建築基準法の持つ不服審査請求規定は，法適合担保措置である手続き規定を止めたり進めたりするための規定として重要な根拠となっている。

　ただ，周辺環境をめぐるトラブルの根底にある要因は，例えば周辺の土地利用の実態とかけ離れた用途地域の指定や想定外の用途の出現など都市計画法・建築基準法の設定が実態に対応していないこともあるが，そのほかに通風，ビル風，景観の阻害，見下ろされることによる覗き見の不安など建築基準法等の基準で裏づけない要因があるのが実情である。このため，大都市では建築紛争予防条例をもとにした建築主による計画内容の事前公開，一定範囲内の近隣住民への説明，行政によるあっせん・調停などでの紛争調整が行われている。この場合であっても，最終的には建築行為の差し止めを争うとなると建築基準法を中心とした行政法の体系に戻ることになる。

規制基準の構成や技術的助言，工業標準などの位置づけはどうなっているのか

規制を構成する法体系はどうなっているのか概観したい。法として遵守が求められる文書の体系や法の表現ぶりなど法規制の特徴，必ずしも強制性は持たないが影響力は持つ規準，規格などとの違いについて概観する。そのなかで，すそ野を構成する部分，いわば技術的な詳細な規定の量は法体系が複雑になるに従って膨大になってきている。

● 規制の法体系

規制を構成する法体系は，次の構成を持っている。

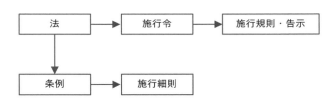

参考規範：技術的助言，学会・業界団体等の規準・規格

ここで → であらわされているのは，委任関係であり，特定目的の実現のために規制を構成する行政法は，上位法規からの委任によって細分され詳細化された内容を表現していくことになる。関連するものとして法令の趣旨を説明する技術的助言があるほか，実務での参考規範とされる学会や業界団体が策定する規準，規格などがある。

規制の絶対性が強い（代替手段がなく制限が厳しい）ものは法律で規定し，代替性のあるもの（制限に対して技術的な対応の幅が広いもの）は政令，告示で規定するというのが大きな流れで，材料の耐火性能から始まって屋根，外壁，内装などに強い要求をしている防火関係の規定や建築物の用途に関して立地を制限する用途関係の規定は，憲法で保障する財産権に対する強い制限となることから法律で規定することで国民の代表である立法者の合意を得ているのに対して，多くの技術的な内容は政令に委任されている。建築基準法第36条では，「この章の規定を実施し，又は補足するため必要な技術的基準は，政令で定める」として，

具体的・技術的内容は，施行令，告示に委任している。なお，施行令は政令であって，その改正には政府部内，つまり各省庁の合意が必要であるが，告示は国土交通大臣のみで定めることができる。また，建築確認検査に必要な書類，書式の指定など手続きに関する規定は施行規則によっていて，これは国土交通省令として国土交通大臣が定めている。

　政令や告示には，工業標準など（日本工業規格・日本農林規格）が引用されている場合もある。引用されれば委任関係が発生し，その内容も規制となって当該規格への適合が求められるが，委任関係のない工業標準などや学会などの学術団体あるいは業界団体などが定めた規準，規格などと呼ばれる文書には法的拘束が働かない。しかしながら，これらの文書も技術や資機材の水準や品質の安定性に寄与するためのものであり実務における使われ方の程度によっては，訴訟における裁判所の判断に一定の影響を及ぼす可能性がある。

　技術的助言は，以前は行政通達と呼ばれていて，建築基準法行政が機関委任事務（Q_9参照）とされていたときは，法解釈における考え方を国と特定行政庁のように異なる行政組織間で統一するために出される場合が多かった。しかし，行政組織間で行われる通達はあくまでも行政機関内部においてのみ効果を持ち得るに過ぎないため，そこで示される法令の解釈は司法の判断を拘束しないとされている。このため，技術的助言は法ではないとされる。だが，助言内容は，有権解釈権すなわち解釈権限のある機関によって法の解釈を示したものとして，公権的解釈であるとされ，実際の司法判断では重視されることも多い。

● **法規制の表現ぶり**

　よくいわれることだが，法律の各条文には目的が書かれていない。刑法の書きぶりには道徳訓は含まれておらず，例えば殺人罪については，第199条で「人を殺した者は，死刑又は無期若しくは五年以上の懲役に処する。」と書かれているだけであって，なぜ人を殺してはいけないかについては一切言及していない。行政法では，だいたい最初にその法律の目的だけは書かれているが，刑法にはそれさえもない。

　行政法，例えば，建築基準法では第1条に目的として「この法律は，建築物の敷地，構造，設備及び用途に関する最低の基準を定めて，国民の生命，健康及び財産の保護を図り，もつて公共の福祉の増進に資することを目的とする。」と書いてあるが，見てのとおりかなり抽象的な表現であって，個別の規制については

その目的や求める機能についての言及はない。つまり法規制の目的・建築に求められる機能を一般人が理解できるように平易に記述した部分がない。例えば大規模の建築物の主要構造部等に関する規定の表現は次のようになっている。

> 第21条　高さが13メートル又は軒の高さが9メートルを超える建築物（略）は，第2条第9号の2イに掲げる基準に適合するものとしなければならない。ただし，構造方法，主要構造部の防火の措置その他の事項について防火上必要な政令で定める技術的基準に適合する建築物（略）は，この限りでない。

但し書きを読めば，この条文は防火に関する要求であることはわかるが，本文だけでは「一定規模を超える建築物は，指定する条文（政令であって法律には書かれていない）に掲げられた基準に適合しなければならない」といっているだけである。大規模な建築物は，火災時に在館者の避難が大変になり，熱や火の粉の放出が多く延焼の危険性が上がり，倒壊した場合は周辺の安全が脅かされる範囲が広いなど影響が大きいため，一定の基準に適合させることで火災時の危険性を除去することがこの条文の意図であるが，そのことは条文の字面からではなかなかわかりづらい。法文表現におけるある種のミニマリズムが法の理解を妨げている。

● 法体系における技術的基準の増加，複雑化

施行令や告示は急増している。法律よりも施行令，告示といったより技術的な部分での膨張が著しく，例えば防火関係規定でみると法律条文数が1950（昭和25）年で20条文であったものが2008（平成20）年には23条文に変化したのに対して，政令条文数は1950年23条文に対して2008年には60条文と3倍近く増加し，告示も1950年に0本だったものが2008年には57本と増加している。

増加の背景には，1998（平成10）年改正で導入された性能規定化に基づき，試験・検証方法の規定が政令・告示の形で付加されたことや同時期に導入された確認検査を行う民間確認検査機関の導入とその後に発生した構造計算書偽装事件で，審査の厳格化とそれを担保するための各種基準の導入があるといわれている。だが，膨大な技術基準が不可逆的に増大していることは，基準間の関係，適用関係も同様に複雑化していることにほかならない。もともと，技術基準の細部

になるほど，専門家の理解に依拠する部分が多く，技術的助言などが発出されて解釈のよりどころが与えられることが少ないので，判断の根拠が示されないことが多い。このため，判断の細部になるとわからない点も多くなるとの指摘もされている。専門性の高い分野であっても，専門家の知見と基準の記載との橋渡しが行われて専門性の共有がなされることが望ましい。このようなことが欠如したまま基準の増大が進むと社会経済状況の変化に応じた基準見直しの手間も含め基準体系の維持管理について将来に大きな負荷を残すおそれがある。基準が拡大する一方で，基準の在り方と基準を用いた審査による適法性担保措置の在り方については将来に懸念が残されているのではないだろうか。

《参考文献》
小川富由「建築基準法における基準の拡張を制御する方法に関する考察」2014年建築学会大会研究協議会

Q7 規制基準はどのように策定されるのか

Q6 において記述されている「規制の法体系」を構成する各種基準（法律，政令，省令・大臣告示）の策定・改正がどのように行われるのかについて，最近の事例を踏まえて解説する。具体的には，基準の見直しを含めた対応を要するような社会問題などが発生してから，対応方針の検討，基準の原案の検討，案の公開と意見募集などを経て，基準が最終決定されるまでのプロセスを概観するとともに，その過程で外部の関与や透明性の確保などがどの程度達成されているかなどの観点から考察を加える。

A7

● 規制基準の制定・改正作業に着手するまで

規制基準の制定や改正は，新たな問題の発生や顕在化を受けて，それへの対応として行われる。建築行政の基本的な部分の見直しを要するような，大規模な災害や重要な社会問題などが発生した場合，それらへの対処について，国土交通大臣からの諮問が同省に設置された社会資本整備審議会に対してなされ，その答申で示された方向性に沿って基準の制定・改正などが行われることが通例である。審議は，同審議会の建築分科会が担当し，より具体的な内容の検討は，その下の部会において行うことが多い。

こうした審議会における審議自体は非公開または報道関係者のみに公開される場合が多いが，名簿，提出資料，議事録などが国土交通省のウェブサイトにおいて公開されている。委員は学識経験者が中心であるが，部会には，専門委員として関連業界や専門家の団体の代表なども加わっており，そうした意見も反映し得る仕組みとなっている。

基準の改正は，制度の基本的見直しなどの重要事項ではない場合，審議会の答申によらず提案・発議されて行われることも多い。審議会への諮問や，基準改正の検討の着手などの判断を国土交通省が行う場合，業界・専門家団体や一般消費者などからの要望（各政党や，政府の窓口を通じたものを含む）が情報源となり，参考とされる場合もある。建築基準法の技術基準の見直しについては，「コンタクトポイント」と呼ばれる窓口を通じて，個人，企業，団体などからの提案を受け付ける仕組みが設けられている。

● 基準原案の作成

　上述の審議会答申などを踏まえて，国土交通省の担当部局において，基準改正などの原案の作成作業が行われるが，この過程において，必要に応じて，学識経験者や業界・専門家団体からの意見聴取や，関連する行政機関との調整が行われる（これらは，審議会における検討の過程で行われる場合もある）。

　建築基準法の構造・防火関係の技術基準については，国土交通省国土技術政策総合研究所が，学識経験者，関係団体等による技術基準原案の検討の場として常設の委員会を設けている。また，そうした技術基準の見直しに関連した調査や技術的検討は，国立研究開発法人建築研究所が行うほか，設定されたテーマについて，公募により選定した大学，企業，団体等に補助金を交付し調査研究を実施する仕組み（建築基準整備促進事業）も設けられている。

　こうした過程を経て作成された原案が法律改正の政府提案や，政令改正案として閣議決定される前には，内閣法制局による法令審査が行われる。これは，法律的・立法技術的観点から詳細になされ，この段階で実質的な内容の見直しが行われることも少なくない。

　こうした一連のプロセスの透明性を高めるための措置として，規制の内容にかかわる法律・政令の改正などが行われる場合には，「行政機関が行う政策の評価に関する法律」に基づき「規制の事前評価（RIA）」が行われる。具体的には，「評価書」及び「要旨」の作成がなされ，それが総務大臣に送付されウェブサイト上で公表される。評価書には，① 規制の目的，内容及び必要性，② 規制の費用，③ 規制の便益，④ 政策評価の結果（費用と便益の関係の分析等），⑤ 有識者の見解その他関連事項，⑥ レビューを行う時期又は条件，を記載することとなっており，想定できる代替案を提示して，分析・比較考量を行うべきであるとされている。評価書の公表時期については，法律については案の閣議決定まで，政令による場合はパブリックコメントまでとされている。

● パブリックコメントと最終案の決定

　規制基準が法律によるものである場合は，その後の最終決定は国会審議に委ねられることとなる。

　政令以下の命令については，事前に広く一般から意見を募るための手続きであるパブリックコメント（意見公募）が行われる。これは，行政手続法に基づき実施されるもので，政省令等の案（定めようとする内容を示すもの）の公示が，電

子政府の総合窓口（e-Gov）のウェブサイトを利用して行われる。それに対する意見は，原則として案の公示日から 30 日間以上，電子メールなどの手段によって提出することができる。政省令等が制定された場合は，その公布と同時期に，提出された意見及び意見に対する考え方が e-Gov のウェブサイトを利用して公示されることとなっている。

● 外部からの参加機会や透明性の確保についての考察

以下，国会審議による部分は除き，規制基準の制定プロセスについて，外部からの参加機会及び透明性の確保の観点を中心として考察する。

基準改正を含む重要な事項が実質的に決定される審議会における審議については，上述のとおり，関係団体などが参加し意見を述べる機会が与えられている。また，委員の選定や，審議に当たってどのような情報を参照するかなどの判断は国土交通省に委ねられているものの，委員名簿や審議内容が原則として公開されており，一定程度の客観性・透明性が確保されているといえよう。

一方で，審議会以外の場で行われる基準改正の発議や原案の検討段階での意見・要望や提案の聴取，あるいは行政部局間の調整・審査などについては，行政機関の窓口を通じて，あるいは公的な文書によるやりとりによりなされるものなどについては，記録・保存・公開などの取扱いのルールが定められ適用されている。ただし，例えば規制の事前評価（RIA）の評価書については，ウェブサイト上の所在がわかりにくくアクセスが難しいなど，その目的である規制見直しプロセスの透明性の向上の実現に資するためには，改善すべき点もあると考えられる。

また，基準の最終案の決定の段階で行われるパブリックコメントについても，公示される情報をよりわかりやすくする，意見提出期間を十分に確保する，などの改善の余地があると考えられ，かつ，提出された意見への対応について，基準公布時期に考え方を公示するのみにとどまっているなど，透明性をより確保することも課題として指摘できる。その他，状況が異なるため単純な比較はできないが，海外では，基準の見直しが定期的に充実した体制で行なわれている国，規制の事前評価やパブリックコメントを「わかりやすさ」を重視しつつより長い期間を使って丁寧に実施している国，基準の見直しの検討や案の作成を行政部局やその内部組織ではなく外部の第三者組織で行っている国などもあり，そうした事例も参考としつつ，参加機会の拡大や透明性の改善に向けた努力を行うことが必要であろう。

Q8 規制基準はなぜ複雑で難解になっていくのか

「規制の法体系」を構成する各種基準，すなわち，法律，政令，省令及び大臣告示などが複雑化し，難解になっているという指摘がある。そのメカニズムについて考察するとともに，それに関連する課題についても触れる。

A8

● 「羈束行為」である建築確認制度と規制基準

建築基準法においては，建築計画段階での基準への適合性をチェックするための仕組みとして，世界でもユニークな「建築確認制度」を採用している。手続きとしては，多くの国で採用されている建築許可制度と同様の流れであるが，その審査が「羈束行為（きそくこうい）」である点が異なっている。

「羈束行為」とは，「法がその行為の要件・内容等について一義的・確定的に定めているため，自らの判断で法を解釈適用する裁量の余地のない」行政行為（広辞苑）であり，反意語は「裁量行為」となる（詳しくは，Q19 参照）。このため，規制基準は，その適否が「一義的・確定的」に判断できるように定める必要があり，裁量行為を前提としたものと比べ，詳細なものとなる傾向にある。基準の定め方には，要求される内容を寸法や材料の種類などの具体的な仕様で記述する「仕様規定」と，備えるべき性能で記述する「性能規定」とがある。羈束行為のためには仕様規定が適しており，性能規定を採用した場合には，その適否を判断するための「検証方法」（計算方法や試験方法と，その結果の判定基準）を合わせて定める必要がある。実際には，「仕様規定」や「検証方法」を，紛れなく判断できるように記述することは極めて困難であり，多くの基準は，一定の「裁量の余地」を含む表現となっている。それらを羈束行為として運用するため，解釈を示す「技術的助言」など法令以外の行政文書を発出することなどが行なわれている。

建築基準法は，1950（昭和 25）年の法制定時から，建築確認制度を採用しているが，1998（平成 10）年の法改正により，いわゆる「建築確認の民間開放」が行なわれ，審査を民間機関が行うことが可能となった。これは，確認が「羈束行為」であり，民間が行ったとしても行政と同じ判断が下されることを前提として行われた改正であり，そのため，裁量の余地のある規定の適否の判断のブレを最

小限とするため，政令で定性的な表現で書かれていた規定について，告示によってより具体的に定めることとするなどの改正が同時に行なわれ，基準全体として「詳細化」「複雑化」がなされることとなった。また，2005（平成17）年に発覚した構造計算書偽装事件とそれに伴い行われた調査によって，構造関係基準について不適切な解釈・運用がなされている実態が明らかとなったため，その是正のため，2006（平成18）年改正において，さらに判断基準の明確化を意図した基準の見直しが行われた。

　本来は，規制基準は，創造的な設計行為を妨げないよう最低限の記載にとどめるべきという考え方で定められている（Q_{19}参照）が，一部の規制基準については，こうした経緯を経て詳細化・複雑化された結果，設計行為への制約を強めているとの指摘がある。

● 法令の構成と性能規定化

　オーストラリア，ニュージーランドのほか，欧米先進諸国のいくつかの国において，建築基準の性能規定化が進められている。個々の建築物に適用される「要求」を，ノルディックモデルといわれている性能規定の階層構造（目的，機能要求，性能要求，検証方法，適合みなし規定の5階層）によって規定し，上位の3階層の規定には強制力を持たせ，下位の2階層についてはさまざまな方法の採用を認めるというのが，典型的な方法であり，これによって，規制の目的の明確化を図るとともに，要求性能を満足するための具体的な設計手法，材料や構法などの多様化を図ることができることがメリットとされている。

　日本の建築基準法は，法令としては「法律」「政令」「省令・告示」という階層があり，国会で定めるべき重要な事項は「法律」，それに基づく具体的な要求事項は「政令」，さらに詳細な内容は「省令・告示」でそれぞれ定めるという考え方で規定がなされているが，上述のような要求規定の階層構造とはリンクしていない。また，例えば，構造規定と防火規定を比較してみた場合，後者が法律でより具体的な要求を定めているなど，規定によって異なる構成となっている。また，単体規定について，当初は「仕様規定」が中心で，部分的に「性能規定」による記述が含まれている，という構成だった基準体系について，1998（平成10）年改正（施行は2000（平成12）年）において，全体を見直すことはせず，性能規定（上述のノルディックモデルに準じた構成）の部分的な導入を行ったため，基準全体としては，複雑で難解な構成が維持されたままとなっている。

日本の規制基準の特徴として，規格の引用による規定が少ないこともあげられる。海外の建築基準では，国家規格（National Standard）あるいはそれに代わる民間団体等が作成した技術文書を，法令の基準で参照することによって，実質的に規制基準としての性格を付与することが積極的に行なわれている。それに対して，日本の建築基準法では，国家規格であるJIS及びJASの参照は，材料の品質に関する規定など限定的にしか行なわれておらず，ほとんどの基準が，法令（告示を含む）により規定されており，それが，海外と比べた場合に，基準のボリュームが増え，複雑化する一因となっている（一方で，多数の文書を参照する手間が省けるという長所もあるといえる）。

● 規制基準の改正の繰り返し

　建築基準法に基づく規制基準は，さまざまな社会的要請に応えるために，毎年のように見直しがなされている。改正のパターンとして，従来の規定を基本的に維持しつつ，新たな選択肢を増やすという方法が多いが，その場合，新たな選択肢として定められる要求の内容分のボリュームが増えるほか，その適用の条件・範囲なども合わせて規定する必要があり，かつ，その規定の関連規定（それを参照・準用している規定，関連する手続きの規定など）も併せて改正する必要があるため，基準はより複雑で，理解が困難になることとなる。

　そもそも，法令の規制基準の表現に際しては，解釈の間違いが生じないように記述することが，「わかりやすさ」よりも優先されるため，一般の国民や法令に従って設計等を行う技術者にとっては，理解が難しい用語や文章表現，規定構成が採用される傾向にある。

● 広報や情報提供の課題

　以上のように，複雑であり，難解である規制基準について，違反を減らし，適切な運用を確保するためには，国民（建築主）及び関連技術者らがその目的や内容を理解し，建築関連のさまざまな行為を行うことが必要である。そのためには，基準の内容のほか，基準改正が行われる場合はその意図や従来との相違点，想定される影響などの情報が，必要な者に「わかりやすく」提供される必要があるが，そうしたことを重視し，参加機会の拡大や透明性の向上などさまざまな対策を講じている海外の事例と比べると，基準自体がより複雑・難解であるのにもかかわらず，その情報の提供の手段が整っているとは言い難い。

また，基準改正を行う場合のパブリックコメント募集，影響を受ける者に対する周知などについても，よりわかりやすく，アクセスのしやすい方法を採用することが望ましい。これらについては，Q_7 も合わせて参照されたい。

羈束行為と解釈

　建築確認は羈束行為であり裁量の余地はないといわれている。それでは，条文だけ読めば，いろいろな事例について一義的明確に結論が出せるのかというと，そう簡単ではない。かならず現場に即して，法解釈を迫られることがある。

　例えば，地盤面。建築物の高さの判定基準は地盤面が基準となる。条文上は建築基準法施行令第2条第6号で「建築物の高さ　地盤面からの高さによる。」とし，さらに第2条第2項で「前項第2号，第6号又は第7号の「地盤面」とは，建築物が周囲の地面と接する位置の平均の高さにおける水平面をいい，・・・」と規定している。

　突き詰めれば，建築物が周囲の「地面」と接する位置が決め手となるが，「地面」についてはそれ以上の定義規定は設けられていない。あなたは「地面」とはどういうものか説明できるだろうか。人は常識的には「地面」といわれると，土のグランドをイメージするかもしれない。しかし，建築基準法のどこにも地面が土である必要性は定義されていない。現実的には，土である必要はなくコンクリートでも，アスファルトであってもかまわないと言うことになる。それでは，発泡スチロールが詰め込まれていたらどうかとか，何もない掘り割り状の空間となっていて，その上にベニヤのふたがおかれて，その上に1cmぐらい土が盛られている場合はどうかといわれると，自信を持って判断できるだろうか。実はこれらは，過去に建築物が高さ規制に違反しているか否かが問題になった事例で争点となった事例である。基礎的な概念である高さの出発点の「地面」でさえ，このような解釈に悩む事例はいくらでも出てくる。裁量の余地がないといわれても，大いに解釈に悩むケースがあることは心する必要がある。

Q9 建築規制の実施主体は誰か

建築規制の実施主体は，法によって異なっていてさまざまな主体が実施している。また，建築規制の場合は，規制を行うという事務が旧来の機関委任事務から自治事務に改められるとともに，確認検査業務についてはこれまでの建築主事に加えて民間の確認検査機関が導入されている。これらに伴って新たな課題の発生も指摘されている。

A9

● 建築規制の実施主体

法律（行政法）では，その施行において規制を行う主体が誰であるかを定めている。国（法律を所管する国務大臣）である場合もあれば都道府県（知事）や市町村（長）である場合もある。いずれにしても，規制の実施に当たっては，手続き規定であっても実体規定であっても，手続きの窓口を設けたり，書類，現場の審査や検査等を行ったりすることが規制の実効性を確保するために必要である。そのための人員組織が用意され体制が整えられていて初めて規制は有効に機能する。それがない規制は，精神規定，ザル法などと揶揄されることになる。

建築基準法では，その施行のために特定行政庁という概念が作り出されている。特定行政庁は，建築主事を置く地方公共団体であって，都道府県または一定の条件を満たす市町村である。都道府県と人口25万人以上の市町村は建築主事を置かねばならないことになっているから自動的に特定行政庁となるが，人口が25万人未満の市町村でも建築主事を置くことはできるので，その場合にはその市町村は特定行政庁となる。また，一部の建築物だけを扱う限定特定行政庁というものもあり，そこに置かれた建築主事は小規模木造住宅など一部の建築物の確認検査だけを行う。なお，東京都の23区は限定特定行政庁で，確認検査を行う建築物の規模等に応じて東京都と役割分担を行っている。2016（平成28）年度末で47都道府県のほか25万人以上の都市が88，人口25万未満の都市で145，東京23区を含む限定特定行政庁が171で合計451の特定行政庁がある。

消防法では，建築物の消防体制や消防設備の規制を行うのは消防長・消防署長であり，建築物の衛生管理関係の規制を行うビル管理法（建築物における衛生的

環境の確保に関する法律，昭和45年4月14日法律第20号）では，保健所を設置している都道府県知事または区市町村長が規制を行う主体である。法律が異なれば，法律を実施する主体も当然ながら異なることになる。

だが一方では，同じ建築物に複数の規制主体が関与するという事態が発生しているという見方もある。規制を受ける側からみると，さまざまな規制主体が関与してくるものの，個々の分野についてのみの関心にとどまることから全体を見渡すことができず，相互の連携が不足する縦割りの弊害があるとの指摘がある。また，規制を受けるビル管理者側からみると，ワンストップではなく時期なども調整されずに手続きが進められる場合があることに非効率感があるとの批判も聞かれる。

● **建築基準法での規制の実施主体**

建築物の生産過程で行われる建築基準法の確認と検査は建築主事や確認検査機関によって実施される。建築主事は，特定行政庁に奉職する一定の資格を持った公務員が首長により任命されるが，法律上は建築確認検査業務を行うための行政執行機関とされ，現場では建築主事に任命された職員のもとに業務を補助する職員が配属されて組織的な業務実施が行われている。確認検査機関は，一定の資格者（建築基準適合判定資格者）を置き，建築主事と同等の業務を行う者として国または都道府県が指定した機関で，2016（平成28）年度末で国指定64，都道府県知事指定67の合計131機関が指定されている。

特定行政庁は，建築審査会を置き，建築審査会は許可案件の審査や建築確認等に関する審査請求の審査を行う。また建築基準法に基づき建築審査会の審査結果を踏まえ例外的な許可を与えたり違反是正などを行ったりするのも特定行政庁である。このように建築行政上は特定行政庁が最終的な実施機関である。国が個々の事案に対して特定行政庁に法執行の指示をすることや自らが法執行を行うことについては，建築基準法第17条で国の利害に重大な関係がある建築物や多数の者の生命または身体に重大な危害が発生するおそれがある場合に限られている。

● **機関委任事務から自治事務への変遷**

建築基準法が1950（昭和25）年に制定されてから20世紀末までの間は，特定行政庁・建築主事が行う業務は機関委任事務という概念で整理され，ほかの多くの法律と同様に本来は国が実施すべき事務について地方公共団体が国から実施を

委任されたものであるとされていた。1990年代に入ると長引くデフレ経済を背景に政府のあり方を巡る構造改革議論が巻き起こったが，その一つが国と地方の役割分担を見直すという地方分権改革である。住民に身近な政策決定は，それにより影響を受ける市民，コミュニティにより近いレベルで行われるべきだという補完性の原理に基づき「地方政府でできることは地方政府で」との考え方で地方分権が推し進められ，これと並行して中央省庁の再編，公共事業の見直しなどが行われた。その結果，本来国が実施すべきとされてきた事務の多くは国の命令によって実施しているという下請イメージのある機関委任事務ではなく，地域の安全等の確保を地方公共団体が主体的に行う自治事務であるとして再定義された。また国の事務であるが，実施上は地方公共団体が窓口となることが適切な事務，例えばパスポートの発行などは，法定受託事務として再整理された。法定受託事務は，国でなければできない事務であるが実施において地方公共団体が行うことに合理性がある事務に限るとされて相当に縮減され，多くの機関委任事務は自治事務とされた。建築基準法の執行における事務の性格もこのときに特定行政庁による自治事務であると変更された。

● 確認検査業務の民間開放

一方，同じ時期に確認検査機関も登場した。これは確認検査業務の民間開放ともいわれている。これも国の行政改革が小さな政府を指向し，英国のサッチャー政権の行政改革などを参考に民でできることは民でという潮流を反映したものであるが，阪神淡路大震災での建築物の被害や死傷者の状況を踏まえ検査や特定行政庁の違反防止対策等を充実させる必要があったことも背景として挙げられている。建築基準法の確認や検査が，基準との適合関係を機械的に判断する羈束行為（きそくこうい，Q_{19}参照）であって建築士資格など一定の技術能力があれば特定行政庁の吏員である建築主事と同等の行為が可能であることから，そのような資格者（建築基準適合判定資格者）がいて公正中立な第三者性を有する主体を確認検査機関として指定し，建築主事と同等の事務を行えるようにしたものである。現在では，多くの確認検査機関が業務を実施しており，建築主事を経由する案件は全体の2割程度と激減するに至っている。

● 規制実施主体の変遷と課題

建築基準法の実施について，自治事務へ，民間移譲へという流れは，それが良

かったかどうかは長い目で見ないといけないが，改革後の結果についていくつかの指摘もなされている。自治事務に移行したことについては，なかなか主体性のある自治事務が確立しえていないという問題が指摘されている。これは地方財政上の構造的問題として，地方公共団体の税収と支出の関係がいびつで国からの財政支援なしにはほとんどの地方公共団体が事務を実施することが難しい状況が長年続いているためで，例えば，規制緩和で市街化調整区域に住宅開発を認めたら流入したのは中心市街地から移転した世帯が多く中心市街地の人口が減ってかえって空洞化が進展してしまった事例が報告されているが，このような地域では，地方の主体性に基づく都市政策，住宅政策と建築規制の連携，特に集団規定関係でのきめ細かな連携が進展していないとの指摘がなされている。

また，確認検査の民間開放では，羈束行為であるとの整理のために，必然的に基準の精緻化複雑化が進行するという指摘（Q_8参照）や，人口減による建築活動の低下とともに確認検査機関間の過当競争が審査の質の低下や経営問題を招くおそれがあるといった指摘もなされている。

《参考文献》
野澤千絵『老いる家崩れる街』講談社現代新書，2016

Q10 規制の適用の原則（その1）実体規定と手続規定とは

　規制が適用される対象は何かについて考察する。法規制には，規制の対象が一定の要件を備えることを義務づけている場合があり実体規定と呼ばれる。また，一定の手続きをとることを義務づけている場合があり，こちらは手続規定と呼ばれる。建築基準法での基準は，実体規定あるいは状態規定といわれていて，建築されて出来上がった建築物と建築基準の適用関係が基本である。一方，建築確認のように，事前審査として建築設計図書を対象に建築基準との適用関係をみる場合もある。このような規制適用の原則を概観する。

A10

● 実体規定の適用

　建築基準法の義務づけの内容には，「階段の踏面の寸法は○○cm 以上でなければならない」という実際の建築物の部分の寸法を規定しているものと，「確認がなければ着工してはならない」という手続きを規定している部分とがある。前者は，実体規定または状態規定と呼ばれ，後者は手続き規定と呼ばれる。

　法に適合しているかということはまず，事実としての実態内容が確認され，基準の適用条文が確定し，その双方を比べることで適合しているか否かが判断される。例えば，階段の踏面についていえば，その寸法を測ってその結果を得て，同様に，建築基準法施行令第 23 条第 1 項が対象となる階段の踏面についての該当条文であって，その例外を規定する第 4 項には該当しないことを確定し，実測値と法文での○○ cm 以上という規定を比較して正否を判定することになる。実体規定の適用の基本は，現物と規定との照合である。出来上がった建築に検査者が出向いて，階段の寸法を測って，基準に適合していなければ違反だということになる。

　実体規定の適用の場合，実態内容と基準との適合関係の確認には，「適用条文がどれで何だといっているのか」ということの解釈が必要となる。条文の文理的解釈，つまり「条文に書いてあることの意味はこういうことだ」という解釈は誰でも自由に行えるので，法令で定められた基準との適合判定を確認や検査におい

て実施する側とそれを受ける側で解釈やその根拠をめぐって意見が分かれ，戦わされる場合があることは普通に想定される。

争いがあれば，その解決は特定行政庁に対する行政上の不服審査請求あるいは司法判断を求めての訴訟という過程をたどる。不服審査請求は，審査結果に不満があれば司法の判断を求めて提訴することが可能であるので，結局は訴訟の過程に合流する。訴訟において最終的な決着をつけることができるのは最高裁判所のみで，最高裁判所の解釈がその係争事案において争われている規定の条文の解釈となって確定する。解釈が確定した場合，それを反映した形で法律を明確にする必要があれば立法者が法改正等を行うこともある。

● **建築確認での実体規定の適用**

建築確認では，実物ではなく，設計図で表現された内容が基準に適合しているかどうか審査している。審査指針では確認申請に添付された図書（これには，配置図や各階平面図などの建築基準の適合を判断するための図面が含まれる）に明示すべき事項として記載された内容に基づき，建築基準関係規定（建築基準法令のほか，同施行令第9条で示された，建築確認検査で法適合が審査される消防法，都市計画法等の諸規定）に適合しているかどうかを審査することが求められている。これは実体規定の適用における事前審査としての措置であると考えられている。施工によって，設計図の内容が実現され，中間検査や完了検査で実物との適合関係が見られるであろうという仮定が置かれていることに留意する必要がある。

一方で，構造の内容など出来上がった現場で見てはわからないものもあるし，なにより建築物が出来上がってから不適合で再度取り壊すことが頻繁に発生するようでは社会経済的に影響が大きい。このため，建築の法適合性を確保するうえではこの事前審査が重要性を持っている。

以前は，規制基準は仕様規定が中心で，設計図が規定に適合しているかどうかの判断はしやすかった。性能規定が導入されると，そのなかで性能規定に適合しているとみなされる「みなし仕様」とされているものはともかく，性能の検証法に適合していることを証明するため実験結果や計算結果を示す場合は，前提条件の設定，結果の評価など規定の当てはめにおいても高度な技術的判断が必要になった。その典型が構造設計の審査である。構造の規定では構造計算を中心とした検証法が早くから取り入れられており，性能規定化と並行して検証法の多様化

も進んだ。構造計算書偽装事件後は設計能力と審査能力を確保するための新たな資格制度と審査手続きが創設されている。

● 検査での実体規定の適用

中間検査，完了検査で現場に入った検査員は，建築基準法の適用の原則に従えば規定と実物を比較するのが筋で，設計図のとおりにできているかを見るわけではない。検査員は建築物が設計図書と比べてどうなのかを見ているのではなく，できたものが規定に違反にしていないかどうかを見ることになっている。設計図どおりにできているかどうかを見るのは建築士が行う工事監理の仕事である。同様に，検査員は，請負契約において建築主と施工者との間で取り交わされた指示内容についても関知しない。

しかしながら，現実には現場で基準の適用条文をゼロから見直して確定し，それと比較して検査することは手間がかかるし，現場で見てもわからない部分があることもある。検査の指針では，中間検査は検査前に施工された工事が，完了検査では，建築物等の工事が「確認に要した図書及び書類」のとおり実施されたものであるかどうかを確かめることを求めている。すでに確認を受けた設計図書をもとにそのとおりできているかを見て，そうでなければ基準に立ち返って適合関係を判断することになるが，その場合は申請者に対して追加説明書を求めるという形で判断のための資料の提出を求めていくことになっている。

● 手続規定の適用

手続規定は，実体規定を担保するために設けられており，過去の出来事など現実ではとらえることができない事象での正当性の確保に役立つ。時点と関係者が特定された記録を残すことで，正しく物事が行われていたかどうかを推定する。その時点で，間違っていた場合すなわち違反がみられた場合は，それが是正されるまでは建築行為が停止する。

したがって，確認での設計図書が修正されなければ確認が下りず着工が延期されるし，中間検査時点で問題があれば，その是正がなされるまで次の工程には移ることができない。最後の完了検査時点でも，違反があればその是正が行われるまでは検査済証が交付されず，一般的には使用が開始できないし，付随して建築物の引き渡しが行われないとなると不動産としての登記が実行できず，担保としての実効性を得られず融資の実行がなされないなど幾重にも張りめぐらされた法

の網によって違反是正が求められることになる。このように，建築行為が完了するまでには何段階ものチェックが行われ，それが建築行為の進行に直接かかわることで実体規定に対する法適合性が担保されている。

　しかしながら，建築として使用が開始されてから以降の法適合性管理については，建築生産の過程でのような何段階ものチェックがすべての建築物について実施されるような厳格な対応がとられておらずさまざまな問題をはらんでいる（Q_{45} 及び Q_{46} 参照）。もちろん，手続き規定がしっかりすることで最初から各種の記録がしっかりと保存されている場合には，時間経過後の法適合性管理に問題があるような場合の対応にも役立つ部分があるはずであるが，現在ストックとして蓄積されている多くの建築物には残念ながら当初の記録もあいまいなものが多い。ストック活用の時代と叫ばれてからすでに久しいが，入口の時点からの課題の山積でこの分野での問題解決の道のりはいまだ険しいものがある。

《参考文献》
確認審査等に関する指針，建築基準法に基づく国土交通省告示第 835 号（平成 19 年 6 月 20 日）

Q11 規制の適用の原則(その2) 遡及適用と既存不適格とは

　法の適用で課題が多いのが時間の変化と適用の関係である。法律は，施行されたときから適用され，それ以降は法律に適合していなければ違法となるが，例外もあり，建築の場合は時制と適用関係は詳細に規定されている。だが，現行規定をめぐってはさまざまな指摘も生じてきている。

A11

● 法律の適用と時間

　法律の適用は，不遡及が原則である。過去の事案が生じたときにはなく，その後に作られた法律でその過去の事案を裁くことはできない。例えば，公職選挙法の改正で 18 歳以上に選挙権が与えられたが，だからと言ってそれ以前の選挙は 18 歳の者が投票できなかったから無効だということはない。一方，その原則を破って適用することを遡及適用と称している。建築基準法においても不遡及の考え方が採用されている。建築物は遡及適用をすることが難しい。遡及適用となると，すでにある建築物に大規模改修などの工事が必要となり，その間の利用の停止も含め所有者に大きな経済的負担を生じさせる。だが，安全性にかかわることは見過ごしにもできず，消防法のように消防設備の設置について遡及適用を採用している事例もある。

● 既存不適格制度

　建築基準法では，法適用のルールとして既存不適格制度の規定が設けられている。既存不適格建築物とは，字義どおりすでに存在している建築物で現行の建築基準に適合していない不適格な状態の建築物のことであるが，これに対する適用免除のルールが第 3 条に規定されている。

　第 1 項では，文化財保護法等で指定や保存等の措置が取られている建築物には適用しないとしている。第 2 項が，不遡及の原則を述べており，建築基準法令の施行または適用の時点で，すでに存在する① 建築物もしくはその敷地，② 建築，修繕もしくは模様替えの工事中の建築物またはその敷地，について，法令の定める規定に適合しないか，適合しない部分がある場合は，その建築物，建築物の敷地，建築物や敷地の部分に対しては適用せず，既存不適格状態となることを

認めると述べられている。第3項は，例外として不遡及が適用されない場合を述べている。長文でわかりにくいが，第1号では，法令の改正前の規定に違反であった建築物等については，法令が改正されても不遡及は適用しないとしている。第2号では，同様に都市計画の変更等によって制限が変更された場合でも，その前の制限に違反していた建築物等には不遡及は適応しないとしている。第3号・第4号は，法令の施行・適用後に大規模修繕・模様替え，移転，増改築の工事に着手する場合は不遡及が適用されなくなり，建築物，建築物の敷地，建築物や敷地の部分に対して改定後の法令を適用するとしている。この工事で確認検査を受ける場合は，その時点での法令に適合することが求められ，既存不適格状態はこの時点で終わらせなければならないとされている。第五号は，法令の改正の後に結果的に既存不適格状態から適合状態になった場合について述べており，適合状態になれば既存不適格状態は解消されるとしている。

　まとめると，法令改正の施行時点で，工事中も含めすでに存在している建築物でその規定に適合しないものには，その改正規定は適用除外となる。ただし，改正以前から当該法令に違反していた建築物はその対象外であり，また，いったん適合状態となったあとは，適用除外は認められない。そして増改築，移転，大規模改修・修繕・模様替の工事を行う際には，法に適合することが求められる。なお，建築基準法第87条「用途の変更に対するこの法律の準用」により，不特定多数の者が利用するような特殊建築物へ用途変更を行う場合は建築主事等への確認申請が求められ，既存不適格建築物はこの時点で法に適合することが求められる。

　工事という多大な投資をする機会に法の適合を求めるのは一定の合理性があるが，建築物が大規模化し複雑化するにしたがって原則論だけでは不都合が生ずるようになってきている。

● **既存不適格制度の課題**

　既存不適格制度の適用を受けた建築の課題として，以下の点が指摘されている。

　一つ目は，ある程度の投資により増改築，大規模修繕・模様替え，用途変更をしようと思っても，その時点ですべての既存不適格事項に適合することが求められることになり，そうなると負担しきれない投資額となるため，結果として適切な投資による継続的で合理的な建築の運営が行われなくなる点。負担が過重だと投資を抑制する点で凍結効果ともいわれている。また，改修等の負担が過重な場合は，法規制を制定する側にも，新たに多数の建築物が既存不適格状態にならな

いよう法規制を抑制する傾向が生まれ，新たなリスクが判明してもそれに対する措置が阻害される。これに対して緊急性のあるリスクとそれ以外とで対応が異なることもやむを得ないとして立法されたのが耐震改修促進法で，耐震性能の向上のための改修では，ほかの既存不適格部分への規定の遡及を求めていない。また，その後の建築基準法改正で一定の計画のもとで段階的に解消を進めることも認められたが，実際の進捗はまだ十分ではない。

　二つ目は，既存不適格建築物は法的に免責されるため結果として本質的なリスク低減が阻害されるという点。建築基準法は，安全に対して最低限の基準であって，改正以前の基準が適用された建築物は最低限の基準未満となっている可能性がある。にもかかわらず既存不適格という地位に安住すると本質的なリスク低減への動きが阻害される。例えば，既存不適格建築物の場合，所有者が適合措置を行わず結果的に使用者に危害が及んでも所有者は免責される可能性が高い（Q_{41} 参照）。これでは実際に危害にあった当事者からすると釈然としないだろう。これに対しては，例えば建築物にのみリスク低減措置を求めるのではなく，日常管理において在館人数の制限，開館時間の制限などソフトな手法の導入によって相殺することができないかといった提言がなされている。

　三つ目は，既存不適格を権利と考え，小規模改修で対応し続けるという姿勢が容認される（法的チェックがないので違法状態が出現する可能性もある）ことにより市場機能が働かないという点。小規模改修で対応する分には，一般人ではわからない，判断できないさまざまな安全性のレベルの建築物が存在可能となる。このため市場の作用により「悪いものが淘汰される」ことが不可能となる。結局，現状有姿では本当の性能がわからないという点が敬遠されて住宅などの中古市場が活性化せず，依然として解体除却と新築という地球環境的にも国民経済的にも非効率な建築活動が主流となっている。既存不適格制度がその原因の一つとして挙げられるとの指摘がされている。これに対しては性能表示のような情報開示を進めることで市場の作用を健全化できるのではないかといった議論がなされている。

　四つ目は，既存不適格建築物に対する緩和と周辺環境の維持向上とのバランスについて基本的な社会的合意が必要だという点。特に集団規定での既存不適格では周辺環境とのトレードオフがあるため，一定の基本合意がないと一方的に周辺環境の維持向上が阻害されるのではないかとの議論がある。例えば，容積率不適格マンションの建替え問題では，結局はマンションの所有者の「財産保護」と「周

辺環境の向上」が対立することになる。そう言った場合，どこで線引きをするのが適切かという議論である。

いずれにしても，すでに出来上がった建築が持つリスクの評価とそれへの対応については，一定の社会的合意が必要な分野で，建築ストックが膨大になり，その維持更新について社会経済的に支え得る範囲での対応が求められている現在においては，非常に重要な課題である。

《参考文献》
日本建築学会編『建築ストック社会と建築法制度』技報堂出版，2009

建築物の定義とキワモノ建築

　制定当時の建築基準法では，建築物の定義は，「土地に定着する工作物のうち，屋根及び柱もしくは壁を有するもの」とされていたが，現在の条文では，「土地に定着する工作物のうち，屋根及び柱もしくは壁を有するもの（これに類するものを含む。）」と変更されている。この背景には，1980年代後期の載置式の立体駐車場の出現があった。載置式の立体駐車場とは，鋼製で車を乗せている二階にあたる部分にはメッシュの鋼材を用い，敷地に置くだけの形で設置されている。接地部分は基礎を持たないので土地に定着しない，メッシュの鋼材は雨水を防ぐ屋根ではない，だからこれは建築物ではない，として「建築確認なしに設置することが可能」をうたい文句にして大都市部で広まったが，当然ながら周辺との紛争に発展し社会問題を引き起こした。

　これが建築物かどうかについては，建築物の定義に関する法文を厳密に解釈して「屋根を有しないので，建築物に該当しない」とした広島地裁の判決（平成4年3月31日）が出された。これを受けて1992（平成4）年6月の建築基準法改正案審議時に議員修正提案により建築物の定義に関する改正が行われ「（これに類するものを含む。）」が加えられ建築物の定義の幅が広げられた。ただその後も，横浜地裁の判決（平成5年8月30日）で「土地への定着性がなく，建築物に該当しない」との判断が出るなど司法の判断は揺らいでいた。2004（平成16）年12月6日付けで，国土交通省より「載置式の一層二段等の自走式自動車車庫について（技術的助言）」が発出された。この通知文は，載置式の駐車場に対する国土交通省の明確な見解を示したもので，同様な載置式駐車場が発見された場合は，各特定行政庁に行政指導を求めたものであった。この後，宝塚市に出店したパチンコ店に併設されている載置式立体駐車場をめぐる神戸地裁の判決（平成17年7月20日）で違法性の判断が明確となった。コンテナ倉庫などもそうであるが，このような建築物の定義にまでさかのぼるキワモノ建築は，司法・行政・立法にわたっての知恵比べになるようなところがある。

第2章

建築の発注・設計・監理・確認・検査をめぐる原則

　建築物の生産過程では，具体的に発注が行われ，建築物の設計がなされ，設計内容が確認され，設計図書に基づき施工が行われ，設計図書どおりに施工が行われているかどうか工事監理が行われ，工事検査が行われて完成された建築物が発注者に引き渡されるということが建前である。

　この流れには，契約の履行という側面と法規制の遵守という側面があるが，実態においては，発注における建築物が持つべき性能の設定と規制基準との関係や建築士法での要請と契約行為との関係などにみられるように行政法での要求と私法での契約行為が相互に絡み合っている状況がみられる。

　ここでは，生産過程における設計，施工，監理などの各段階とそこでの行政法の要求である確認，検査などについて基本的な考え方を整理するとともに行政法での要求が私法的な発注・受注関係に及ぼす影響などを検証している。

Q12 規制での最小限の要求が，発注者の最大限の要求に転化する背景とは

建築の法規制は，建築主らの建築生産者に対して義務を課すものである。したがって，彼らにとってないに越したことはないと考えられるのが通常である。建築主は，憲法で保障されている財産権の行使として，自分の資金で自分の好きなものを建造する権利を持っている。それに対する社会的な制限が法規制であり，建築基準法第1条でうたわれているように最低限度，最小限度の制限となっている。建築物が安全であるためには，これよりも高い安全水準を建築主が求めてくれればよいが，現場では法規制での最低基準・最少基準が，実現すべき目標となってしまうという声が往々にして聞かれる。発注者である建築主からは，「法律を満たしていればそれでよい，それ以上に安全にする必要はない」という要求となって現れ，受注者からはそのことで「良い建築が造られなくなってしまった」と憂慮の声が上がっている。ここでは，このように最小限の法規制が，発注者の最大限の目標に転化する背景と，このような実態がより良い方向に向かうための方策について考察する（注：建築基準法には，周辺との調和を図る集団規定もあるが，ここでは対象としない）。

A12

● わかりやすい要求とわかりにくい要求

建築主が建築物に対して法規制の課す最低限の制限よりももっと高い安全性や耐久性などを求めれば，おそらく法規制で示された制限は考慮するまでもないものとなるはずである。例えば建築基準法では，下水道が整備された地域ではトイレを水洗トイレにしなければならないとされているが，今時トイレを水洗にすることをことさら制限と感じる人は少ない。なぜなら使用者はトイレが水洗であることを当然と考えていて，下水道が整備されていない地域では浄化槽を導入して水洗トイレを設置しようとし，くみ取りトイレを備え付けようとはしない。建築主・発注者としては，くみ取りトイレは臭いなどがあってトイレの設備水準としては使用者に受け入れられにくいと考え，使用者の利便を考えて水洗にすることを受け入れる。

ところが，構造安全性や防火避難に関する基準などは，厳しい基準と受け取ら

れ法の規制をクリアすることが最大目標になってしまう。これは，そもそも建築物が高価であることや安全性と基準との関係が直感的に理解できないことに起因している。一般に，品物を求めるときはできるだけ安くて性能が良いものを求めるのは理の当然である。だが，建築物の場合，価格が通常の社会生活における物品の中でも非常に高価なものとなっていて，建造に要する費用の節減が建築主の大きな課題となるという背景がある。そのなかで，建築主が価格と性能について相関関係を把握することが難しい。特に，建築物の安全性能という点ではそうである。なぜならば，安全性能は火災や地震，暴風，積雪など非常事態があって初めて発揮されるものであって，普段は検証することができないからである。これが，西ヨーロッパなど地震や風の影響を受けにくい地域であれば，建物の自重を支えるだけが構造安全性となって，柱の太さなどで自然と判断できるのかもしれないが，普段は働かない大きな力が，あるときには働くような場合や火や煙あるいは群衆などが急激に動く場合は，往々にして人間の直観はあてにならない。

● **日本人の規制に対する受け止め方**

一方，日本人は，いかに建築基準法が最低の基準と書いていても，行政，特に国が定めたという点に着目して，国が定めた基準を守っていることがすなわち建築物にとって必要かつ十分な条件であるという誤解が生まれやすい（Q_3 参照）。これは，説明をする専門家の方にも問題があって，受注側として強気に出られない事情もあるため，決して「最低の基準ではこのレベルですが，私がお奨めするのは，やや費用が割高になるとしてもこのレベルです」といった言い方はしない。「国が決めた基準を守っていますから心配はありません」という風になるのが普通である。

こうなる原因の一つには，建築基準法の基準に代わる正統性を備えた模範や基準類が世に出ていないこともあるだろう。基準類でなくても，模範となるような高いレベルの性能を備えた各種の建築物が実際に世の中に出回っていて，その期待されている性能が，例えば「震度7の地震で被害が出ても業務に支障がない程度に収まるように設計されている。」などと広く知られた指標となるものがあれば，あの建物と，あの住宅と同じくらい安全なものが欲しいという形で違ってくるかもしれない。また，一定のレベルを持った基準類をある専門家集団や企業集団が採用し，それがブランド化しているような場合も良い結果が期待できるが，残念ながら市場全体ではそのような実態には乏しいのが現状である。

● **表示制度が意識を変える**

　しかしながら，建築物の生産の実態や地震など災害の実態が一般消費者に理解されるようになるにつれて，徐々にではあるが一般消費者の態度も変化してきている。例えば，住宅品確法などの法整備が進んだため，建築主・発注者が出来上がったマンションを分譲するときの購入者に対する説明では，建築基準法と同等の等級1からよりレベルの高い性能の等級2，等級3という形で性能を説明するようになってきている。建築基準法で定めている地震力の1.5倍の地震力を入れても安全になるように設計してあるというような形で説明がされるようになった。そうなって，消費者のほうも，性能とコストのバランスを考えられるようになった。限られた予算であるが，地震が来るといわれているので構造安全性を優先して仕上げ材のグレードのほうは我慢しようかといった選択が行われるようになると，受注側もコストだけではなくコストと性能の関係を説明するようになると考えられる。そうなれば，安かろう，悪かろう，を意図的に求める市場セグメント以外では最低限度の基準が闇雲に目標とされるようなことはなくなるだろう。要は，実態がより良い方向に向かうためには，建築物の性能に対する情報の開示と一般の理解が進むことが重要になっているのではないだろうか。性能とコストの関係が明らかになれば，最小限の要求が最大限の目標になるなどという本末転倒のようなことは起こらなくなるはずだ。

Q13 「良い建築」をめぐって，建築主と設計者の間で共通認識が育ちにくい背景とは

安全等に関して法規制以上の水準が建築主から求められない理由として，設計者からの説明について建築主が聞く耳を持たない，あるいは設計者が説明しようとしない実態があるといわれる。さらに，建築生産現場での状況を深堀してみると，場合によっては，建築主・発注者からは設計者の存在が見えていないという実態もかいま見えてくる。

A13

● 建築生産過程での建築主と設計者

建築生産過程では，通常，最初に企画・設計というプロセスを経ることになる。ここでは，建築主が建築物に対して求めている工期，費用，性能などの条件を踏まえ，設計者との間で建築主の求める建築物の実現に当たって懸案となる事項について，できるだけ正確なコミュニケーションが図られることが求められる。これにより，建築物に求める事柄について関係者間でまっとうな議論と認識共有が成り立つ可能性が増える。

この過程で，建築主の無知を解いてあげることも専門家である設計者の役割だが，当然，費用・工期など種々の条件との折り合いのなかで選択が行われなければ建築は実現しない。多々益々弁ずという結果になっては，相互の信頼関係が醸成されないだろう。種々の条件の中から，最適な選択を決断してもらうために，さまざまな情報を提供するのも，設計の専門家の役割である。統計によれば，2016（平成 28）年度の建築着工件数は約 61 万件で，居住系が約 52 万件，事務所，店舗，倉庫などが約 9 万件。建築主は，個人が 62％，法人が 36％ で 98％ が民間主体となっている。この建築主に対して，一級建築士事務所と二級建築士事務所の約 10 万事務所が設計者を提供していることになる。ところが，建築主と設計者の関係は千差万別で，冒頭で述べた通常のプロセスが必ずしも現場では実現されていないとの声も大きい。

そのようなプロセスが実現されない背景として，以下のような場合が考えられる。

① そもそも，建築主が，一定期間に一定費用で一定の空間が実現されればそれでよい，というように，建築に対する思いや社会的責任感を持っていない場合

② 建築主が独自に持っている建築に対する考えが，設計担当者と相入れない場合
③ 建築主と設計担当者が没交渉で，意思疎通という意味でのコミュニケーションが成り立っていない場合

● 建築主と設計者の交渉における多様な実態

　最初のケースは，倉庫，工場などの発注者の場合で，そもそも建築物に対して特別な思いなどなく，機能と経済性一辺倒で聞く耳を持たないケースである。設計という作業の重要性を建築主に認識してもらったほうがよいが，実際には工期と費用が前面に出て，経済性一辺倒になるため設計者とのコミュニケーションが欠落する傾向は避けられない。一方このような種類の建築物には，もともと建築の三要素といわれる用強美のうち「美」については最初から切り捨てているので，それに見合うように設計という作業をカスタマイズしてミスを少なくするという方向性も存在する。部材の規格化や工場生産の度合いを高め工業化された建築などはこの方向を極めようとするものといえる。

　第二の場合は，建築主が設計意図を明確に持っていて，設計者を頼んで設計をしてもらいそれを施工者に造らせるという意識のある場合である。法制度的には，この形態を前提に制度が組み立てられている。これは建築家が建築主の代理人として施工者を指導監督するという欧米型の建築生産体制に範をとっているが，これまでみてきたように必ずしも我が国では主流となっているわけではない。建築主が，最初に設計者を頼んで設計してもらう場合は，建築主の持っている設計意図，意向についての設計図書への落とし込みは，ある程度期待できる。ただ，ここに至ってもどちらが主導権を発揮するかで様相は異なるだろう。建築主の意向をないがしろにした設計というのは望ましいことではないが，建築家としての専門性のある観察力，あるいは権威や矜持などといった要素が入ってくればありえないことではない。この場合は，建築主は設計者とちゃんと対峙しているが，いろいろな要素が関係して双方のコミュニケーションがうまくいかなくなったために，法規制以上の水準についての認識が育たないケースである。

　第三のケースは，建築主が，建築に対する設計意図があるものの詳細については明確にしないまま，建築の実現を施工者に頼んでいるという場合である。施工者が前面に出て建築主から設計者は見えない場合が多いと考えられる。発注者である建築主が，建築物に対して持っている設計意図を，施工という段階に持ち込

めるようにするために「設計図書に落とし込む」，という作業が建築主の意識のなかで欠落するような場合は，建築物の持つべき性能なり形態なり仕様なりについて，発注者と設計者の間で正確なコミュニケーションがそもそも成立しない。

● 設計者が見えないという建築生産の実態が語るもの

伝統的に我が国では建築物は建築主から施工者が一括して請負って造るという形態が主流であり，設計者が建築主の前に出てくる機会がなくても不思議に思われない傾向がある。建築は種々の条件を満たしていくことが求められるが，建築主は「予算は2000万円以下で，広さは150m^{2}以上，玄関は立派に，車庫はこのあたりに」といった要望は持っていても，建築物が満たすべきすべての条件を指示することは，自らの側で建築の専門家を抱えていないと一般には困難である。こだわりの要望のほかは「あとは予算内で法規と工期を守ってよろしくお願いしたい。」というようなところだろう。統計などがあるわけではないが，中小規模の建築行為については多くの場合，このようなケースがほとんどではないかと推察される。建築主の要望を受け止め，くみ取っている側は，施工者やその内部の営業担当者であるのが現実で，設計者は裏に隠れている。建築についての必要条件を総合的に組み立てる設計者は，施工者の社内にいたり，施工者から委託を受けたりして設計図書を作成するが，ほとんどの場合，建築主とは没交渉である。これでは，そもそも「耐震性能をどう設定するのか。この地盤では，この程度の性能を確保したほうがよいのではないか。」といったコミュニケーションは，起こりえない。これが多くの建築生産過程での実態ではないかとの声も大きい。良い建築を望むなら，この実態を認識して，どう設計という行為を建築生産過程に浮上させ建築主と直結させるか，という課題から考える必要があるだろう。

このようなケースでは建築主と設計者の間ではコミュニケーションは成り立ちにくい。結果として，法規制以上の水準についての認識が育たないのみならず諸般の問題が生ずることは避けられない。課題としてあげられるべきは，おそらく件数としてはかなり多くの建築行為が，このような類型に当てはまるのではないかということである。これは，法制度上の建前では設計，確認，施工という順番で建築生産が行われることになっているが，実際は施工者による受注と施工者を通じた建築設計，確認，施工という順番となっていることを意味している。したがって，建築設計における建築主と設計者との間での，適切で密度のあるコミュニケーションがあれば建築主が耳を貸さないということはまれで，双方で何らか

の妥協点を見出すことになると思われるが，実際は，建築主と設計者との間でそもそもコミュニケーションがないところで建築行為が進行しているという事態をどう直視するかにあるのではないだろうか。

建築確認制度の限界

　日本の建築確認制度は，事前明示された建築法規に適合していることを建築主事または確認検査機関が「確認」する制度とされていて，そこには裁量の余地がないとされている。それを踏まえて，建築基準法には建築前に強制力をもって周辺住民と建築計画を調整する制度は設けられていない。行政や周辺住民との協議等による地域適合性をクリアしないと建築許可が下りない諸外国との大きな違いである。このような仕組みは，建築主には有利であり，公法規制をクリアした計画なら原則として建築が進められることとなる。しかし，社会が成熟し，縮小の時代を迎えた現代において果たしてこのような制度は施主にとってのメリットだけなのだろうか。事前調整を経ていないことから，多くの建築紛争では，不満を持つ近隣住民らは民事の工事差し止めの仮処分を起こしたり，建築確認処分の取り消しの審査請求や行政訴訟を提訴したりして係争することとなる。裁判所は容易にはこの手の請求を認めないが，万一認められた場合には途中で建築計画が止まってしまうこととなる。新宿の狸の森事件などは，行政訴訟で確認が取り消され，ほぼ完成していた建築物は後に解体されることとなった。このような場合には，建築主は大きな損失を被ることとなる。事前調整は確かに時間と労力がかかる。しかし，事前の調整手続きを経由した場合，事後的に中止となるリスクはなくなる。最近は先駆的に地区計画や高度地区などの制度を工夫して，近隣や行政との調整を経た場合，高さ等の緩和などのインセンティブを与えている事例もあり，そこでは協議を経て良好な計画が実現している。いい意味でのウインウイン関係が成立している。そろそろ事前明示，近隣調整なしという戦後の建築確認制度のあり方を考え直す時期に来ているのではないだろうか。

Q14 建築物の性能決定における建築主の役割と責任とは

　建築生産においては，建築主は発注者として資金・資源を提供する重要な役割を果たしている。当然ながら，法制度上の建前とは別に，建築物の性能決定とその実現についても，建築主の意向が直接，間接に大きな影響力を持っているが，建築の設計，施工の過程においては設計者，施工者らとの関係で実態上の責任範囲が不明確となる傾向がみられる。このため，建築主の存在が建築生産に与える実際的な影響について分析を行っておくことが必要となってくる。

　ここでは建築物の性能決定とその実現における建築主の役割と責任について考察する。

A14　● 建築主の役割

　建築物の性能コントロール，すなわち建築物が満たすべき性能の基準・水準を決定し，それが満たされているかどうかをチェックするという適合性管理における建築主の役割をみてみよう。建築主は建築物の発注者であり，資金・資源の提供者であってその影響力は大きなものがある。

　建築物を創造するに当たっての建築主の決定すべき内容は，大まかに言って性能，工期，価格となる。建築物を発注するための資金・資源の裏づけを持って，どんな建物を，いつまでに，いくらで造ってもらいたいかということを表明して建築行為は開始される。高価で社会的に影響のある「もの」である建築物を生み出す根源的な力は建築主に属し，建築物に適切な性能を付与し，適切に使用できるようにする始原的な責任は建築主にあるといえる。

　建築を創造する要件のうち，性能については，一般の建築主が詳細に決定することは難しい。なぜなら，建築物は専門性の高い技術の集積により造られるからである。また，建築物に対しては建築主の希望する条件のほかに建築を使用する者の安全性や周辺環境との調和を実現するために社会的な観点から求められる条件も存在する。後者の条件に対する専門的な知識，理解も必要であるし，場合によっては建築主の希望が社会的要求に抵触することも考えられるため，その調整

も必要となる。このような専門的な知識，理解のもとで建築行為が行われることを確実にするために行政法においては建築士法，建築基準法，建設業法などによって最低限度の基準設定と行政手続きが定められ，資格制度や登録制度によって執行能力の確保が行われている。なお，そうであるからといって行政責任において建築主が全く免責されているわけではなく，また民事においても建築主が指示権能との関係で責任を問われる可能性を含んでいる（Q_{37} 参照）。

● **建築主と設計・施工者の関係**

　性能決定と適合性管理の仕事は，建築行為の開始時点では建築主と設計を行う建築士との間で分担されるものとされている。建築主の意図である工期，価格，性能の条件を踏まえて建築士のほうでそれを実現するための具体的な指示書となる設計図書を作成する。これは双方のコミュニケーションをもとにして行われるべき共同作業ではあるが，実態上はさまざまな態様があり得て必ずしも建築主と建築士の間で直接実施されているとは限らない（Q_{13} 参照）。

　施工段階での請負契約では，いったん指示を与えるとその実現に関しては契約の相手方である施工者に一義的に任されるため，指示どおりに施工がされているかどうかの適合性管理の仕事は建築主と工事監理を行う建築士との間で分担される。工事監理は，指示どおりに事が進んでいるかどうかを建築士が確認して建築主に報告し指示を仰ぐ業務という形になっている。なお，確認検査は，社会的に要求されている条件（基準）に設計図書や施工された建築物が合致しているかどうかの適合性管理を社会の側から行っているものであって，建築主の意図どおりに設計や施工が行われているかを見ているものではない。こうした設計・施工・工事監理制度のもとで，本来は性能決定の主体であり適合性管理の主体であるべき建築主は，設計者，施工者といった専門家との間で役割分担をすることになる。しかしながら，このことによって法的責任と実態上の意思決定権限の所在・主体性があいまいになる傾向がみられる。総じていえば，性能実現には専門的知識が必要なため，設計者・施工者らの専門家との間で責任が分担されると考えられる傾向がある。

　なお，維持管理時点では，建築所有者・管理者の管理責任は善管注意義務の範囲内での責任とされ，専門家に求められる高度な管理注意義務は必要とされていないが，工作物責任にみられるように管理者としての責任は重いものがあり，法定点検など専門家に見てもらう必要がある場合には，そのような依頼を行わねば

ならない（**Q**$_{39}$ 参照）。

　また，住宅については，個人にとって「一生に一度の買い物」であるため消費者保護の観点から住宅の建築主は特別な保護の対象とされ，性能実現は専ら専門家の責任とみなす考え方も生まれている。しかしながら，このような考え方が，個人のみならず法人（企業等）の建築主，あるいは営利目的で組織的に反復継続的に建築を行う建築主（デベロッパー）にも及ぶとする風潮は若干問題をはらんでいる。

● **建築主の本質的な権限と責任**

　そもそも，工期，価格，性能を決定する以前に「発注する」という行為を起こすこと（発注力）がすべての建築行為の淵源となっている。欧米風の考えでは個々が自立しお互いの関係は対等で契約によって相互の立ち位置を規定することになっているが，これとは必ずしも同一ではない日本的な精神風土の中では，資源・仕事の出元としての発注者に対して設計・施工者らは対等の立場をとりづらいと感ずるのが一般的である（**Q**$_{30}$ 参照）。このため発注者の「工期・価格」の主張に対する「慮り」「忖度」として，本来は三位一体であるべき工期・価格・性能に対して，設計・施工者らは，自らの責任で影響を及ぼせることが実際にできるが故に，自らの意思で性能に対してしわ寄せを起こすという行為を起こしやすくしている。

　建築の欠陥発生に関する事案で，建築主が「工期・価格については，いろいろ言ったが，それが原因で欠陥を起こすような設計や施工につながるとは思ってもみなかった。自分たちは素人で性能のことはわからなかった。自分たちは被害者である。」というコメントが散見されるが，工期・価格・性能が一体のものであって，いずれかの要素で無理をすればほかの要素が犠牲になるということは，少し考えれば当たり前のことである。「それならそうと言ってほしかった。」とはよく聞く言葉であるが，一般的には発注者に反論するのではなく気を使って黙って何とかつじつまをつけようとする心性が日本的美徳とされている。ただ，建築物は建築主のものだけでなく社会に対しても責任を負わなければならないものであるという点に思いをいたしてもらえる風土がまだ日本社会には欠けている。性能決定やその適合性管理については，建築主は設計・施工者らに対して陰ながら実質的な影響を与えていることから，建築主の性能確定能力を日本社会の実情に合わせて見直す必要があるのではないだろうか。

特に特定・不特定多数の使用を前提とした建築物を自ら継続反復して建築し，使用または賃貸する者，あるいは転売を行う者については，消費者保護の対象とはせず，「強い」善管注意義務（社会的責任遵守の理解，品質と費用に対する関係性の理解，管理者責任・売主責任の理解）を求めることには一定の社会的理解が得られるのではないかと考えられる。

《参考文献》
小川富由「建築の性能コントロールにおける『建築主』の役割と責任」2016年建築学会大会研究協議会

Q15　建築設計の法的定義はどうなっているのか

建築設計の実態及び課題については，Q16 以降で考察が加えられているが，そのための基本的な情報として，建築士法及び建築基準法における「設計」の定義を示し，一般的に用いられている「設計」という概念との相違点を明らかにするとともに，両法における「設計」に関連する概念及び業務内容に関する主要な規定についても抽出・整理を行う。

A15
● 設計及び設計者の定義

建築士法では，第 2 条において，「設計」とは「その者の責任において設計図書を作成すること」であると規定されており，また，「設計図書」とは「建築物の建築工事の実施のために必要な図面（現寸図その他これに類するものを除く。）及び仕様書」とされている。これらの規定は，法制定時と基本的に変わっていない。広辞苑によると，「設計」とは，「製作・工事などに当たり，工費・敷地・材料および構造上の諸点などの計画を立て図面その他の方式で明示すること」とされている。両者を比べてみると，広辞苑では，「計画を立てる」ことを設計に含めて書き，かつ，それを明示する方法を任意としているのに対して，建築士法では，設計を「設計図書（図面及び仕様書）の作成」と限定的に記述している点が主要な相違点である。

ここで，「図面」から「現寸図その他これに類するもの」を除いているが，これは，設計者が作成する「設計図書」と，それに基づく工事の施工のために必要な原寸図等（「施工図」と呼ばれる）とを区分し，後者は，設計者ではなく，工事施工者側の責任において作成すべきものであることを明確にするものである（設計図と施工図の区分は明確には定義されておらず，実際には，作成の責任の所在等の判断が困難な場合も多いと考えられる）。

一方，建築基準法では，第 2 条において，「設計」については，上記の建築士法第 2 条を引用して，「建築士法第 2 条第 6 項に規定する設計」と規定している。「設計図書」については，建築基準法における定義として，「建築物，その敷地又は第 88 条第 1 項から第 3 項までに規定する工作物に関する工事用の図面（現寸図その他これに類するものを除く。）及び仕様書」としている。建築士法では「工

事の実施のため必要な図面」とされていたものを「工事用の図面」と言い換えているほかは，いわゆる「準用工作物」の設計も含めて読めるようにしている点が異なっている。

建築基準法第2条には，「設計者」の定義も「その者の責任において，設計図書を作成した者」と定められている[1]。

● 「構造設計」と「設備設計」

2006（平成18）年の建築士法改正において「構造設計一級建築士」及び「設備設計一級建築士」に関する規定が新たに設けられた際に，「構造設計」と「設備設計」について定義が定められた。

「構造設計」とは「構造設計図書」の設計であり，「構造設計図書」とは「基礎伏図，構造計算書その他の建築物の構造に関する設計図書で国土交通省令で定めるもの」とされている（士法第2条）。省令の規定による構造設計図書とは，建築基準法施行規則で定められている確認申請添付図書のうち，構造関係規定に係るものであり，構造計算書なども含まれる（士法規則第1条）。

「設備設計」と「設備設計図書」についても，同様に定義が定められている。

● 設計行為の内容についての法的規定

上述の規定では，「設計」によって作成すべき図書や行うべき行為の具体的内容は明らかではないが，士法第25条の規定に基づく「建築士事務所の開設者がその業務に関して請求することのできる報酬の基準（平成21年国土交通省告示第15号）の別添1に「設計に関する標準業務」の規定があり，基本設計及び実施設計それぞれにおいて，設計業務により作成する「成果図書」が，「戸建木造住宅以外」「戸建木造住宅」について規定されている。例として，「実施設計」の「戸建木造住宅以外」の成果図書を見ると，建築物概要書，仕上表，面積表・求積図，配置図，平面図・断面図・立面図，矩計図，平面詳細図，部分詳細図などの一般に「設計図」と呼ばれている各種図面と仕様書のほか，工事費概算書，各種計算書（構造計算書を含む），その他確認申請に必要な図書も列挙されている。

また，同じ別添1には，「業務内容」の規定もあり，設計図書の作成以外に，

---

[1] 建築基準法上の設計者については，さらに，士法第20条の2（第20条の3）第3項の規定により建築物が構造関係規定（設備関係規定）に適合することを確認した構造設計一級建築士（設備設計一級建築士）も含むこととされている（建築基準法第2条）。

設計条件等の整理，法令上の諸条件の調査，関係機関との打合せ，設計方針の策定，概算工事費の検討，設計内容の建築主への説明等が定められている。

● 建築士による設計の「業務独占」等に関する規定

士法第3条から第3条の2までには，一級建築士，二級建築士及び木造建築士でなければできない設計（及び工事監理）が，建築物の用途，規模（延べ面積，階数または高さ）及び構造種別によって規定されている。また，同法第20条の2及び第20条の3で，それぞれ，所定の要件に該当する建築物の構造設計及び設備設計について，構造設計一級建築士及び設備設計一級建築士が関与（設計または法適合確認）しなければならない旨を定めている。

建築基準法第5条の6で，それらに適合しない建築物の工事を禁止しており，かつ，同法第6条第3項において，それらに適合しない建築確認申請の受理を禁止している。

建築基準法第6条第1項第4号の建築物(いわゆる「4号建築物」)については，建築士が設計を行えば，同法第6条の4に基づく確認の特例が適用され，政令で定める規定（単体規定のほとんどすべて）の審査が省略される。

● その他の設計行為に関連する法的規定

建築士が行う設計については，法令の定める基準に適合するようにすること（士法第18条），設計の委託者に対し適切な説明を行うように努めること（同条），その設計図書に建築士である旨の表示をして記名及び押印をすること（士法第20条）などが規定されている。

また，設計受託契約に関して，延べ面積300m^2を超える建築物については書面による契約を求めるなどの規定がなされている。

設計者の氏名は，建築基準法第89条に基づき義務づけられている工事現場の「確認済の表示板」に記載される。また，設計者は，同法第12条第5項等に基づく特定行政庁等からの報告の聴取等の対象とされているほか，違反建築物の設計者に対しては，同法第9条の3において，違反是正等の命令対象となった場合の設計者の通知及び処分の規定が設けられており，さらに第98条等で罰則が定められている。

Q16 設計図書（設計図・仕様書）で建築物の生産に関する情報は過不足なく伝達できるのか

建築生産プロセスにおける設計図書による情報伝達の限界について，まず，コミュニケーションの原理に即して考察する。現実では，原理となるコミュニケーションモデルの対称性は容易に破れる。このために，過不足なきコミュニケーションが十分に行われない限り，図形及び言語表現による設計図書のみでは情報の正確な伝達は困難である。

次いで今日の建築生産における設計図書の役割・位置づけ等の実態を念頭に置き，建築生産プロセスの各段階における情報伝達の問題と課題について考察する。

A16

● コミュニケーションモデルに即した検討
【古典的コミュニケーションモデルの対称性】

設計とは，建築主の要求（日常言語）を基礎に，施工を通じてこの要求を実現していくための工学的言語・記号である「設計図書」を作成する行為であり，設計図書による情報伝達は，広い意味のコミュニケーションの一形態と考えられる（模型，図形も含める）。

記号論または言語学において，コミュニケーションのモデルは複数あるが，代表的なものは次図のとおりである。これのオリジナルは Jakobson（1960）で，Hymes（1962）により修正されたものとされる。

ここで，「コード（規約）」は，「辞書部門」と「文法部門」から構成されてい

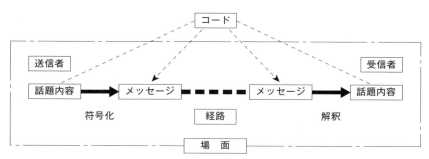

古典的コミュニケーションモデル

るとされ，情報伝達や意味作用の基本を支えている。また，「場面」は，伝達と意味作用に関し「コード」と相補的な役割を果たすものとされる。すなわち，送信者が自己の「話題内容」を「コード」と「場面」を参照しながら日常言語に「符号化」し，「メッセージ」（話し言葉または文字など）として，空気振動または紙などの「経路」を通じて受信者に伝達する。受信者は，受け取った「メッセージ」を同様に「コード」と「場面」を参照してこれらを「解釈」し，「話題内容」を理解する。このとき，メッセージにあいまいさ，または多義性が残る場合などは，ほかのメッセージの「コンテクスト」を利用して解釈される。

　このモデルは，一方向の情報の流れを示しているが，現実のコミュニケーションにおいては，しばしば当事者が相互に送信者・受信者となり，上記のプロセスを通じて情報の交換を行う。コミュニケーションモデルにおいては，上記の図のように「送信者」と「受信者」が共通の「コード」と「場面」（以下，Ecoに従って「場面」は「状況」とする）を基盤として，対称に配置されている。「平等な契約」とは，その基礎にこのような構造を想定しているのではなかろうか。しかし現実にはこの対称性が破れる場合がむしろ一般的である。

【現在のコミュニケーションモデルと情報伝達の限界】

　現実のコミュニケーションは，古典的なモデルでは説明しきれない複雑多様なものであることは，多くの論者によりすでに明らかにされている。

　特徴的な点の一つは，コード化された「メッセージ」が特定の発信点（送信者）から発せられたものでありながら，同時にそれ自体が新たに「情報発信点としてのメッセージ」として機能し，「コード」も「状況」も送信者と受信者では一致しない（記号論Ⅰ）。すなわち「言葉の一人歩き」といえる。このメカニズムは，「コード」「コンテクスト」「状況」がコミュニケーション関係者で異なり，しかも厳格には拘束されず，場合により変更も許容することに由来すると説明されている。これを言語学／記号論では，一般に「開かれた」構造と呼んでいる。記号の解釈は，コード（規約）に規制される裁量に委ねられている。伝達の弾力性ともいえるのではなかろうか。

　このように，伝達は記号の多義性などにより，あいまいさを常に伴うことになる。結論としては，以下の点が挙げられる。

① 過不足なき伝達はコミュニケーションを繰り返さない限り，実現困難である。ただし，コミュニケーションの不完全性を積極的に利用する文学のような分野もある。

② 過度の伝達の弊害として，ノウハウなどの漏洩や「深読み」「忖度」といった現象を起こすことがある。

● 建築生産の実務における「設計図書」を介したコミュニケーション

　前述のとおり，「設計図書」とは"建築主の要求を施工を通じて実現していくための工学的言語記号"であると解され，主として施工者に向けて発信される情報であるが，もう一つ建築主と設計者との間で，工事発注内容についての合意を確定するものという側面も持っている（さらには工事監理者や建築規制主体等への発信という側面もある）。

　まず，工事発注内容についての合意を図るための「設計図書」を介した建築主と設計者との間のコミュニケーションの問題を検討する。建築の専門家である設計者と，ほかの設計者や工事監理者，または施工者（施工管理者）との間では，専門知識に基づく「コード」や「状況」を共有し得る可能性は高い。それゆえ，記号や言語で表現される「設計図書」についても，その規定内容の解釈等に一定程度の共通性があることが期待される。しかし，必ずしも建築の専門家ではない建築主は，そのような専門家としてのコードなどを共有することは難しく，したがって両者間のコミュニケーションは，限定的なものとなりがちである。このコミュニケーションを特に建築主にとって満足のいくものとするためには，例えば模型や今日のCAD，BIMモデルなど視覚に訴えることができる情報などが重要視されるようになってきている。

　一方，設計者と施工者の間のコミュニケーションについては，別の問題も存在しているといえる。施工を実行するために最小限必要な情報は，「なに（ありよう）」を「どのように造るか（やりよう）」であり，設計者が扱う「施主の要求」やそれを設計者がどのように「ありよう」へと変換しようとしたか（すなわち「設計意図」）などの情報は必ずしも必要ではない。伝達されるべき情報がこの「ありよう」と「やりよう」だけであるならば，上述コミュニケーションモデルで示されるような両者が共有する「コード」を介した十分かつ正確な情報の伝達は可能である場合もあるかもしれない。しかし現実には「設計図書」を介した設計者（および建築主）と施工者との間のコミュニケーションにおいては，このような情報のあり方は現実的ではない。

　まず，「なに（ありよう）」の情報に関しては，主に図面などによる情報で伝達されるべき内容が表現されることになるが，「設計図書」が作成される工事着手

前の段階では，すべての「ありよう」が確定されることはまれであり，工事を進めながら，または工事の経過を踏まえながら段階的に詳細化，あるいは選択されて確定されていく「ありよう」情報内容が多くある。一方「どのように造るか（やりよう）」情報に関しては，設計図書の「仕様書」で一定の枠組みや要件が示されているものの，個々の具体的なやりようの設定は，施工者側に委ねられている側面が多い。特に技術が多様化してきた今日にあっては，「やりよう」のノウハウ・選択肢の多くは施工者側や部品・部材製造供給者が保有しており，設計者がそのすべての情報を共有しているという時代ではなくなっている。

となると，設計者は「どのようなものを造りたい」というねらい・意図について，主に「ありよう」の根幹部分と「やりよう」の大枠を「設計図書」に込めて発信し，一方施工者は，その「設計図書」に込められたねらい・意図に対して，自らが提供可能な「ありよう」詳細と具体的な「やりよう」とを立案して設計者側（監理者である場合も多い）に提示し，設計者・監理者は「設計図書」の背後にある「設計意図」さらには「建築主の要求」に照らして，それが最大限実現できるよう，施工者側の立案・提案を検討し承認する‥という反復する相互コミュニケーションを通じて，最終的な「ありよう」と「やりよう」とを確定していくというプロセスが採られているといえる。このような複雑なコミュニケーションが成功裏に実現するためには，相互間の意思疎通が必要不可欠であり，そのための質疑応答や打ち合わせが的確に実施されるような環境作りが重要となるということがいえるだろう。

《参考文献》

R. Jakobson, "Linguistics and Poetics", 1960
D. Hymes, "The Ethnography of Speaking", 1962
Umberto Eco "A Theory of Semiotics" 1976,『記号論Ⅰ，Ⅱ』岩波書店，1980

Q17 建築設計は委任行為なのか，また，委任と請負の違いは何か

建設設計・監理行為を建築士が引き受ける契約は，請負契約なのか，準委任契約なのか，あるいは混合契約もしくは無名契約なのかという契約形態は，設計のあり方に深く関わる法的問題である。

その違いはどこにあり，裁判所や学者はどう考えているのだろうか。また設計者は契約類型の違いをどう意識して職務を行うべきであろうか。

A17

民法は，売買や賃貸借など典型的な契約類型をいくつか定めるが，建築の設計・監理契約はその中の委任契約あるいは請負契約に該当するといわれてきた。委任契約とは当事者の一方が法律行為をすることを相手方に委託し，相手方がこれを承諾することで成立し，受任者は委任の本旨に従い善良な管理者の注意をもって委任事務を処理する義務を負う（民法第643条）。委任内容が法律行為以外の場合，これを準委任と称する（民法第656条）。

これに対して，請負契約は当事者の一方がある仕事の完成を約束し，相手方が仕事の結果に対して報酬を支払うことを約束することで成立する（民法第633条）。

混合契約とは，複数の典型契約の要素が混在している契約類型である。無名契約とは典型契約に該当しない契約類型である。もとより，民法の定める典型契約の類型は，それぞれに該当すれば当事者間で定めのない内容について，該当する典型契約の効果が及ぶものとして規定されている。しかし，そもそも契約分野では原則として当事者間の契約自由が原則とされていることから，当事者間において個別具体的な契約条項が存在する場合には，民法の規定よりそちらが優先することとなる。途中で設計契約を打ち切った場合の清算や業務に不備があった場合の精算などに関しては，契約書を取り交わした場合には何らかの規定が契約書の中に置かれていることが多く，設計契約書の作成が義務化された現在では典型契約の規定の適用をめぐる紛争という場面は減少している。

しかし必ずしも詳細な契約を交わさないことが多い日本においては，契約書に規定されていない場面においては，設計・監理契約をどのような典型契約とみる

かにより，さまざまな法律効果が変わってくる場面もある。

　請負であれば，労務の結果として仕事を完成させ，それを給付することが報酬発生の要件となる。設計の場合であれば，設計図書が完成しないと原則として報酬請求ができない。

　これに対して，準委任であれば，結果的に仕事が完成しなくても，労務の提供としての事務処理が行われればよく，途中で終了した場合にも，そこまでの履行割合に応じた報酬請求が可能となる。

　また，仕事の結果に不備が存在した場合の効果は，請負とすると，設計内容に瑕疵がある場合には，設計者が無過失であっても依頼者は瑕疵修補請求・損害賠償請求が可能であるし，解除権も行使できる。瑕疵担保責任の追及期間は，設計・監理の完了から1年となる（民法第637条）。準委任とすると，過失責任となるが追完請求・損害賠償請求が可能であるし，権利行使は通常の債権として10年間となる。建築士の報酬請求権は，いずれでも後払いとなる。

　裁判所における取り扱いは，請負，委任と一律に性質を判断しているのではなく，あくまでも個別の契約の実体や取り交わされた契約書を踏まえての事例判断を行うこととなるが，設計契約に関して請負と解するもの，準委任と解するものに分かれている。東京地裁では委任説をとっている裁判官が多いようだが，東京高裁2009（平成21）年4月23日判決は，明確に請負契約であると判示し，この判決は上告が受理されなかったことからかなり話題になったが，最高裁がこの件に関して判断を示している事例はない。

　学説上も，請負説，準委任説，無名契約説とさまざまに分かれている。

　海外の事例では，ドイツにおいては，設計契約は請負とされている。

　確かに設計業務について，その創造性を重視すると，仕事の完成を目的とする請負ではなく，設計事務の委任だと考える建築士の立場もわからないではない。しかし，設計を依頼する立場からは，設計図書が完成しなくとも契約の目的が達成されたという理解は得にくいであろう。委任行為の例として弁護士業務を想定して，弁護士が依頼者から業務を引き受ける場合と比べるならば，それが例えば高齢者の成年後見業務などの場合には，特定の結果実現が想定されておらず，まさに財産管理を行えば目的が達成されるような職務と目的を持って進める設計行為は明らかに異なっている。準委任の代表事例である医療行為の場合も，医師は救命のために全力を尽くして治療に当たるが，不幸にして死亡した場合であっても契約の目的を果たさなかったということにはならない。このような事例とは，

設計契約は明らかに社会的に要求されるものが異なっているとみることができる。もっとも、設計行為に対し、監理のほうは比較的事務の処理という委任的要素が強いという見方ができるし、弁護士業務でも貸付金の回収業務などは、特に成功報酬合意で行う場合には請負的な要素が強くなると考えることができる。

  大使館と建築基準法

　大使館と聞くとすぐ思い浮かべるのが「治外法権」という言葉である。大使には外交特権があって大使館には主権国の支配が及ばないと聞かされている。そうなると、大使館の建設に当たっては建築基準法などが適用除外となり自由に建築ができるのだろうか、という疑問がわいてくる。実態はどうなのであろうか。これについては、ある自治体と大使館の建築をめぐっての訴訟で示された判決文が参考になる。

　この判決では、かつて外国国家は、「原則として、法廷地国の民事裁判権又は行政裁判権に服することを免除されるという考え方（絶対免除主義）」が広く受け入れられていた。帝国主義が盛んで列強が覇を競っていたころはこのような考えが主流であったが、通商から文化交流まで国家の活動範囲の拡大等に伴い、「国家の行為を主権的行為とそれ以外の私法的ないし業務管理的な行為とに区分し、外国国家の私法的ないし業務管理的な行為についてまで法廷地国の民事裁判権及び行政裁判権を免除するのは相当でないという考え方（制限免除主義）」が徐々に広がり、現在では多くの国において制限免除主義に基づいて外国国家に対する民事裁判権または行政裁判権の免除の範囲が制限されるようになってきている、と述べている。実は、我が国でもこの考え方のもと外国政府の建築行為については建築確認検査の手続きをとるよう技術的助言が出されている。郷に入っては郷に従えで、善良な隣人として、周辺環境等に配慮して都市計画や建築基準法のルールに従うことが求められている。だが一方で、相手が超大国ともなると実際はどうかという声があるのも事実のようである。

Q18 工事監理とはなにか，その実態はどうなっており，実効性は確保されているのか

「工事監理」という業務が何を意味するかについては，契約上用いられることが多い「監理」業務との違いがわかりにくいことのほか，工事施工業者の現場責任者が担う「工事管理」（工事監理の「さらかん」に対し，「くだかん」などと呼ばれる）や，工事管理に関連する建設業法上の資格者である「監理技術者」の業務と混同されることも少なくない。

「工事監理」の実態や課題についての基本的な知見として，建築士法や建築基準法における「工事監理」に関係する諸規定の内容を示すとともに，実務として展開されている広義の「工事監理」に関する業務の範囲，方法，役割と責任，さらには実効性の確保に関する諸課題について考察を加える。

A18

● **工事監理とは**

建築士法においては，「工事監理」は「その者の責任において，工事を設計図書と照合し，それが設計図書のとおりに実施されているかいないかを確認すること（同法第2条第8項）」と定義されており，一級・二級等の建築士の種別に応じて，設計及び工事監理をすることができる建築物の用途，規模などが定められている。また，設計行為と同様に，工事監理も建築士の業務独占の対象とされている。

● **工事監理業務の内容と範囲**

「工事監理」の業務の内容については，関係法令上必ずしも確定した具体的な定義はないが，建築士法第25条の規定に基づく「建築士事務所の開設者がその業務に関して請求することのできる報酬の基準（平成21年国土交通省告示第15号。以下「平成21年業務報酬基準」という）」の別添1には，「工事監理に関する標準業務」について，「成果図書に基づき，工事を設計図書と照合し，それが設計図書のとおりに実施されているかいないかを確認するために行う業務」との規定がある。その具体的内容としては，「工事と設計図書との照合及び確認」のほか，「工事監理方針の説明等」「設計図書の内容の把握等」「設計図書に照らした施工図等の検討及び報告」「工事と設計図書との照合及び確認の結果報告等」および

「工事監理報告書等の提出」が挙げられている。

建築基準法に基づく確認審査等に関する指針（平成19年国土交通省告示第835号）では，完了検査・中間検査の申請書の様式において，「工事監理の状況」として「確認を行った部位，材料の種類等」「照合内容」「照合を行った設計図書」「設計図書の内容について設計者に確認した事項」「照合方法」および「照合結果（不適の場合には建築主に対して行った報告の内容）」を項目別に詳細に記述することとなっている。

これらのうち，最も基本的な業務である「工事と設計図書との照合及び確認」をどのような方法で行うかについては，その合理的方法を例示するものとして，2009（平成21）年9月に「工事監理ガイドライン」が国土交通省から出されている。そこでは，「立会い確認若しくは書類確認のいずれか又は両方を併用」することとし，また，「初回は詳細に確認を実施」としつつ，それ以降は一定の条件の下での「抽出による確認を実施」を認めている。具体的な例示としては，さまざまな工事内容に対して，「目視に係る立会い確認」「計測に係る立会い確認」「自主検査記録・測定記録・施工記録・工事写真等に係る書類確認」といった方法が併記されている。ただし，これらの業務内容は，あくまでも「考えられる確認項目及び確認方法を例示したもの」とされており，「合理的方法」として，実際にどのような方法・頻度で行うかは工事や項目によってさまざまであり，それによって工事監理業務の実効性にも相当程度の幅があるのが実態であると考えられる。

● **工事監理業務の実態とその変化**

上述の「（法定）工事監理」業務は，民間建築工事においては，「建築設計・監理（等）業務委託契約」に基づいて実施されることが多い。ここでいう「監理」業務が，「工事監理」業務よりも広い範囲の業務として認識されていることは前述のとおりであり，平成21年業務報酬基準において掲げられている業務のうち，例えば「請負代金内訳書の検討及び報告」「工事費支払いの審査」なども「監理」業務の一部として実施されることがある。

ここで，「設計」業務と「監理」業務との境界が，次第に変化してきていることに留意する必要がある。平成21年業務報酬基準の前身である昭和54年建設省告示第1206号においては，工事段階で行われる「設計意図を施工者に正確に伝えるための業務」は「設計」ではなく「工事監理」の一環として位置づけられていた。この業務は「設計監理」とも呼ばれ，工事契約時の「設計図書」に基づき，工

事段階で設計・監理者と施工者との間のやり取りを通じて設計内容を適切に具体化していくために不可欠な業務である。事実，「監理業務」の最も重要な業務は「設計監理」であるとする建築士も存在し，工事と設計図書の照合である「工事監理」業務に向けられる時間等が限定される等の実効性上の問題が指摘されることもあった。また「設計監理」が「監理」に含まれるゆえに，「設計」担当者と「（工事）監理」担当者は同一人格であるべきとの考え方の論拠ともなっていた。

この点に関して平成21年業務報酬基準では，このいわゆる「設計意図伝達業務」が「工事施工段階で設計者が行うことに合理性がある実施設計に関する標準業務」と定義されるようになり，これを受けて標準的な「建築設計・監理等業務委託契約約款」では，「設計意図伝達業務」は「設計に関する業務」として位置づけられるようになった。また公共建築工事に適用されている「公共建築の工事監理等業務委託マニュアル」では，「工事施工段階で設計者が行うことに合理性がある実施設計に関する標準業務」については「設計意図伝達の業務委託」として原則として実施設計を担当した設計者に委託する一方で，「工事監理に関する標準業務及びその他の標準業務」については「建築工事監理業務委託」とし，分離した形で整理がなされるようになった。しかし業務実態としては「監理」業務としての「設計監理」と「工事監理」の境界はまだ必ずしも明確ではなく，どうあるべきかの議論も引き続き存在していると言えよう。

● 工事監理の実効性の確保について

近年，建築基準法に基づく中間検査と完了検査の役割が重視され，建築工事の的確な品質確保の実効性を高めるためのさまざまな対応がなされているなかで，それらの検査において工事が確認等の図書のとおり実施されたかどうかを確かめるための方法として，工事監理として行った業務結果の活用が重視されてきており，「工事監理」としての業務範囲の明確化と適切な実行が強く望まれるようになってきている。

2014（平成26）年の建築士法改正で新たに義務化された延べ面積 $300m^2$ 超の建築物の工事監理受託契約の規定において，工事と設計図書との照合の方法と工事監理の実施の状況に関する報告の方法を契約書面に記載すべきことが定められたところであり，今後，建築主との契約段階におけるこうした情報の明確化などを通じて，業務の実態や責任，それに伴う報酬の額の設定などの適正化，ひいては工事監理業務の実効性の改善が進むことが期待される。

Q19 建築確認とはなにか，建築確認の法的意味を説明するとき出てくる羈束行為とは何か，裁量行為とどう違うと認識されているのか

建築確認という行政手続は，1950（昭和25）年に制定された建築基準法において定められたものである。行政行為としては裁量行為でなく羈束行為として定められているが，羈束行為と裁量行為の違いは何か。またなぜ裁量行為ではなく羈束行為として定められたのか。この論点について考察する。

A19

● 建築確認の意味

終戦後，焼け野が原になった日本の都市や地域に，その当時の技術で建築物とりわけ住宅があちこちで建ちはじめていた。その安全について特に住宅について何も安全性が検証できないまま建物が建っていくことについて，行政を含めて建築関係者は相当危機感を持つことになった。何とかきちんとしたルールの中で住宅や建築が建てられなくてはいけないということで，建築基準法が制定されることになった。それまでの建築に関する法規である市街地建築物法では特殊建築物は許可，戸建住宅は届出であったが，そうした手続きが建築確認という仕組みに一本化されることになった。

建築確認の法的扱いに関しては，戦後，許可説と確認説が裁判で争われて，いくつか判例もあるが，現在では確認説がほとんど定着していると思われる。許可というのは，法律上の概念でいくと，一般的な禁止事項の解除になり，「してはいけない」と禁止されているものを，「いいですよ」と個別に認めるものであり，この許可という行政行為は，大変大きな裁量性を持った権限になりえるものである。

なぜ許可という仕組みにしなかったかということについては，当時の立法関係者の口伝や残された記録から推察すると，戦後の民主化政策の流れのなかで，国民生活に最も身近な建物や家を建てることに関して，行政機関に強大な権限を与えることに対し，当時のGHQ（占領政策を日本政府に施行させていた連合国軍最高司令官総司令部，1952（昭和27）年講和条約発効により廃止）が懸念を持ったためといわれている。過去の日本の行政の執行状況をみて，不安があったのだと思われ，許可という手続き行為にはしなかったのではないかと推察される。

建築物の建築は建築主と施行者が請負契約を交わして行う場合が多く、私人間の契約によって建てられる。設計するのも建築主と設計者という私人間の契約を交わして行われる。本来、私人間の契約によって建築物の安全が確保されていれば、法律でもって行政機関が介入する必要はないが、あえて私有財産の処分に対し、公権力が介入する必要性を認め、法制度化したものである。

行政の介入により私人間の私的契約の内容を法的基準に照らして適合性を検証する適合性管理の仕組みとして、第三者が検証する方法が採られた。この第三者検証の仕組みの適切さは、その時代、その時代の有している状況で変わってくると考えられる。建築基準法制定当時はまだ民間に第三者検証をする技術を有する人材に余裕もなく、法施行をする立場である行政機関が検証することが一番適切な方法であると考えられた。戦前には建築行政は警察行政の一環として行われており、戦時体制下では建築統制を担っていた人材が地方行政機関にいたからである。ほかに適当な担い手がいなかったということで、地方行政機関がチェックすることは当時の状況としてはほかに選択肢がなかったものと考えられる。

第三者検証を行う仕組みとしての建築確認は、確認申請図書を提出してもらい、その確認申請図書で法への適合性をチェックするという方法である。具体的に検証を行う者として建築主事制度が作られた。建築主事は資格を有する者で地方行政機関の職員であるが一つの機関として定められた。

建築確認の法的措置は、手続き規定として建築基準法第6条第1項で「建築主は建築をしようとする場合には建築計画の法適合性について建築確認を受けなければならない」と規定されている。この規定は建築計画の事前明示基準との適合性を照合する手続き規定である。そしてこの手続き規定の法的効果については第6条第6項（現行法では第14項）で「建築確認を受けないで、建築工事に着工してはならない」と違う条文で書き分けられ別途明確化して定められた。手続き規定は事前明示された基準との照合であり、着工を認めるという法的効果により建築確認は行政処分となる性格を有することとなっている。そして建築物にかかわる関係者は当然に法律を守って設計、建築する義務があり、それを設計の段階で第三者が法適合検証することによって、適法性を確保し、その方法として、行政機関が建築確認を行うとしたのである。

● **羈束行為としての建築確認**

建築確認の法的意味としての基本的考え方として羈束性ということがあるが、

これは許可と違うところである。許可は許可権限者が裁量権を持っているので，裁量者はかなり大きな権限を持つことになり得る。建築物や住宅を建築する際に，権限を行政に与えることに対する抑止として，「誰が判断しても同じような判断に至る」という覊束性を行為に求めているということである。したがって建築基準法の基準は，覊束性を持った基準として書かれている。つまり基準を事前に明示し，守るべき事柄を具体的に記述するという考え方である。1998（平成10）年の建築基準法改正で民間法人を含む指定確認検査機関制度を導入する際に，建築確認は建築基準に対する覊束行為であるから，行政機関ではない民間機関でも主事の行う建築確認と同様な判断ができるという法的な理屈となった経緯がある。

また建築基準法に定めてある最低の基準は，設計の基準ではない。建築設計を行うということは，優れた創造的な行為であって，そういう創造的活動を公権力が法律で規制することは避けるべきだというのが，建築基準法の理念の中には宿されている。建築基準法で定めている基準は最低限の守るべきことを定めているだけで，創造的設計行為はできるだけ設計者の創意工夫が可能であるようにする考え方である。最低限として定められた基準を守りながら創造的な設計を行う専門家として，建築設計に係る資格制度を作り，建築士という資格に法の順守を委ねたわけである。医師法の中で，「医者がどういう病気に対し，どういう治療や手当をしろ」ということをいちいちこと細かく記載していないのと同じである。守るべき最低基準以外の創造的行為については建築士という資格に任せ，そして設計については建築士に建築設計について業務独占を与えるということで最低基準が守られた設計を求めることにしたわけである。

Q20 中間検査，完了検査の法的定義はどうなっているのか，その効果は何か

中間検査と完了検査の実態や課題について考察を加えるための基本的な知見として，建築士法と建築基準法における「中間検査」「完了検査」の目的と法令上の定義を示し，両法における「中間・完了検査」の業務内容に関する主要な規定について抽出・整理を行う。さらに，中間検査と完了検査の合格証・検査済証の取得の効果について考察を加える。

A20
● 完了検査の目的と定義

建築物が建築基準法などの諸規定（建築基準関係規定）に適合していることを建築計画段階でチェックするのが建築確認であり，工事が完了し使用開始される前にチェックするのが完了検査である。完了検査では，実際の建築物の建築基準関係規定への適合性を検査することとされているが，実際には，現場の目視などで直接的に確かめることができる事項は限られており，むしろ，建築確認を受けたとおり工事が実施されているかについて，確認添付図書との照合や，工事監理の状況の報告などによって確かめることが主になっている。

建築基準法第7条では，「完了検査」について以下のとおり規定している。
- 建築主は，第6条第1項の規定による工事を完了したときは，国土交通省令で定めるところにより，工事が完了した日から4日以内に建築主事に到達するように検査を申請しなければならない。
- 建築主事等は，申請を受理した日から7日以内に，当該工事に係る建築物及びその敷地が建築基準関係規定に適合しているかどうかを検査し，適合していることを認めたときは，国土交通省令で定めるところにより，建築主に対して検査済証を交付しなければならない。

この規定は，法制定時から基本的には変わっていないが，1998（平成10）年の第9次改正において，申請義務について，「やむをえない場合」の但し書きが設けられ，災害その他の事由による申請の遅延が認められるようになっている。また，第7条の2の規定が新設され，指定確認検査機関による完了検査の実施が可能となっている。

● 中間検査の目的と定義

建築基準関係規定への適合性について，外からは見えない部分など，工事が完了した時点では確かめることができなかったり，不適合が発見されても是正が困難な場合がある。そうした課題に対応するため，工事の途中の定められた段階でチェックを行うための手続きとして，中間検査が行われる。中間検査の対象となった場合，それに合格しないと，原則として，次の段階の工事に進むことができない。

建築基準法第 7 条の 3 は，阪神淡路大震災後の 1998（平成 10）年の第 9 次改正において新たに設けられた規定であり，「中間検査」について以下のとおり規定している。

- 建築主は，第 6 条第 1 項の規定による工事が特定工程を含む場合，当該特定工程に係る工事を終えたときは，その都度，国土交通省令で定めるところにより，工事を終えた日から 4 日以内に建築主事に到達するように検査を申請しなければならない。
- 建築主事等は，その申請を受理した日から 4 日以内に，当該申請に係る工事中の建築物等について，検査前に施工された工事に係る建築物の部分等が建築基準関係規定に適合するかどうかを検査し，適合することを認めたときは，国土交通省令で定めるところにより，建築主に対して中間検査合格証を交付しなければならない。
- 「特定工程」は，「階数が 3 以上である共同住宅の床及びはりに鉄筋を配置する工事の工程のうち政令で定める工程」及び「特定行政庁が指定する工程」とされている。前者は，構造計算書偽装事件の対応として，平成 18 年改正で定められたものであり，令第 11 条で「2 階の床及びこれを支持するはりに鉄筋を配置する工事の工程」と定められている。

「やむをえない場合」の但し書き，指定確認検査機関による中間検査の実施については，完了検査と同様の規定が設けられている。

● 完了検査及び中間検査に関連する法的規定

① 完了検査に関連して，建築基準法第 7 条の 6 には，「検査済証の交付を受けるまでの建築物の使用制限」の規定がある。対象となる建築物やその部分は，検査済証の交付を受けた後でなければ使用できないが，特定行政庁または建築主事等の認定により，検査済証交付前の「仮使用」が認められる。

② 中間検査に関しては，建築基準法第7条の3に，特定工程後の工程に係る工事は，中間検査合格証の交付を受けた後でなければ，施工してはならないことが定められている。

③ 建築基準法第18条の3第1項の規定に基づく「確認審査等に関する指針（平成19年国交省告示第835号）に，「完了検査に関する指針」及び「中間検査に関する指針」が定められており，申請に係る建築物等が，建築基準関係規定に適合しているかどうかの検査の方法について，申請書に記載された工事監理の状況，添付された写真及び書類による検査，目視，簡易な計測機器等による測定等の方法により，工事が，確認に要した図書及び書類のとおり実施されたかどうかを確かめることとされている。

● 中間検査と完了検査の効果について

中間検査の規定は，制定当初は，対象となる特定工程の指定はすべて特定行政庁に委ねられていたが，構造計算書偽装事件において耐震性が不十分な鉄筋コンクリート造マンションの存在が社会問題化したことを踏まえて，全国一律に，3階以上の鉄筋コンクリート造共同住宅の2階の床等の配筋工事が対象と定められた。その他，特定行政庁の独自の判断によって指定がなされている例があり，例えば，横浜市においては，いわゆる4号特例対象の木造住宅の構造安全性をチェックすることを目的として，在来軸組構法の「全軸組緊結完了時」を特定工程として指定している。

完了検査については，建築基準法が制定されて以来長年の間，実施率が低いことが違反建築物や欠陥住宅の存在の一因となっているとの指摘がなされており，1999（平成11）年に多くの特定行政庁で策定された「建築物安全安心実施計画」において実施率の向上が目標とされるなどの取り組みが行われる一方，検査済証について，当該建築物が関係規定に適合していることを証する書面としての活用を促進することで，取得のメリットを増やす努力も，各方面において実施されてきた。その結果，1998（平成10）年度には約4割だった実施率が約9割まで上昇している。この具体的な内容については，Q_{22}を参照されたい。

Q21 建築生産のプロセスにおいて建築確認が効力を持つのはいつまでか

建築生産では，設計図書が完成した後，建築確認を経て建築工事が着手され，検査を経て竣工に至る。一方，この一連の流れのなかで，着工や工事の差し止めをめぐる争いが生ずる場合がある。建築確認という行政行為に対して建築審査会や司法の場で判断が示される時点と着工，施工，完成との間で時間的なずれが生ずる場合についてどう整理されているのかを概観する。

A21

● 確認の効力に関する最高裁の判断

建築確認がなければ建築着工ができないというのが建築確認の効力であって，建築が出来上がった場合は，建築確認の取り消しは訴えの利益がないとする判断が定着している。最高裁判決によれば，「建築確認は，建築基準法第6条第1項の建築物の建築等の工事が着手される前に，当該建築物の計画が建築基準関係規定に適合していることを公権的に判断する行為であって，それを受けなければ建築工事を着工することができないという法的効果が付与されており，建築関係規定に違反する建築物の出現を未然に防止することを目的としたものということができる。」としている。そして，「工事が完了した後における建築主事等の検査は，当該建築物及びその敷地が建築関係規定に適合しているかどうかを基準とし，同じく特定行政庁の違反是正命令は，当該建築物及びその敷地が建築基準法並びにこれに基づく命令及び条例の規定に適合しているかどうかを基準とし，いずれも当該建築物及びその敷地が建築確認に係る計画どおりのものであるかどうかを基準とするものでない上，違反是正命令を発するかどうかは，特定行政庁の裁量にゆだねられているから，建築確認の存在は，検査済証の交付を拒否し又は違反是正命令を発する上において法的障害となるものではなく，また，たとえ建築確認が違法であるとして判決で取り消されたとしても，検査済証の交付を拒否し又は違反是正命令を発すべき法的拘束力が生ずるものではない。したがつて，建築確認は，それを受けなければ建築工事を着工することができないという法的効果を付与されているにすぎないものというべきであるから，当該工事が完了して建築物が現に出現した場合においては，建築確認の取消しを求める訴えの利益は失われるものといわざるを得ない。」と結論

づけている。つまり，建築確認の取り消しが意味を持つのは，着工前であって，建築物ができてしまえば，建築基準法の基準が実体規定であるといわれているように，実物と基準との適合関係で判断されるとされている。

● **着工中での確認の取り消し**

　しからば，建築中に建築確認が取り消された場合はどうなるのであろうか。判決では，建築確認は着工の可否を左右する法的効果を付与したものとし，工事が完了したものについては建築確認の有無はその後の手続きの障害となるものではなく，建築基準法の基準との適合をみることで，特定行政庁が検査済証の交付や違反建築物の是正命令を裁量的に判断することができるとしている。しかしながら，工事が完了していない場合については明確な指摘はされていない。ただ，すでに実態としての建築物が一部にしろ，ほとんどにしろ，現に出現していることから考えると，その部分については建築基準法の規定との対比で判断がなされることになるが，将来的にできる予定の部分の扱いはどうなるのだろうか。

　例えば，似たようなケースとして無確認建築工事の処理はどうなっているのだろうか。一通りの流れを想定してみると，まず周辺からの通知などにより特定行政庁が事実を覚知することから始まる。無確認工事は建築基準法第6条第8項違反であるから，これを根拠に特定行政庁は法第9条により工事停止命令を発する。その後法第12条第5項に基づき施工状況を報告させ，その内容に応じてすでに建築された部分で是正を要する法規違反がある場合には法第9条により除却，移転，改築等違反是正のために必要な措置を命ずるとともに，全体の建築計画について建築確認を取るよう指導することになる。建築確認を取らなければ工事は再開できない。ただ，新たに確認を取り直す時点で確認対象法令が変わっていれば，着工時に意図していたものが結果的には建てられなくなることも考えられる。

　裁判所の判決などで確認が取り消された場合も，工事中であれば確認のない工事はその時点で続行できないから，工事が停止されることになる。さて，その先はどうなるのであろうか。もともとこのような場合の特定行政庁の裁量的判断の幅は大きく，工事の完成程度によっても対応はさまざまに考えられる。工事が初期段階の場合は，おそらく上述のような事例にならい確認の取り直しが指導されるであろう。一方，ほとんど完成に近い建築物になっている場合は，その実態が法に適合していれば合法として完了検査の申請を行わせ，また一部基準に不適合なところがあれば第9条により違反是正のために必要な措置を命ずるとともに，

その措置が終了し合法になった時点で，完了検査の申請を行わせ，完了検査済証を交付することも考えられる。後者の場合，建築基準をどの時点とするかについては，建築基準法の適用の原則を踏まえ着工時点とすることが考えられるが，着工後に制限等が変更された場合などは，該当部分は既存不適格となる。なお，既存不適格が一部存在することを前提として検査済証を発行する場合は，検査済証の様式（建築基準法施行規則別記第21号様式）の6（検査後も引き続き既存不適格の規定の適用を受ける場合の根拠規定及び不適合の規定）に具体の案件に応じた内容が記載されることになる。

いずれにしても，特定行政庁においては，中途段階であっても建築物が現に出現しているという実態，除却などを命じた場合における行政代執行などの強制措置も含めた財産権に対する公的介入の程度に関する社会的均衡の度合い，工事が中断することによる周辺等に対する安全・保安・環境等さまざまな影響の度合いなどを勘案したうえで多様な方策が採られることが考えられる。

● 工事の差し止め措置

なお，別の視点からみて，いったん着工した工事を，当事者以外が止めることはできないのであろうか。もちろん訴訟を提起し裁判による決定をみることが本筋ではあるが，裁判の間に建築物が出来上がってしまい既成事実が作られるということは十分考えられる。このような係争者の一方に著しい不利益を生ずるおそれがある場合に，裁判所による裁判以外の緊急避難的な仕組みとして，申し立てにより他方の行為に制限を加える仮処分制度がある。境界線の確定など敷地自体の所有権を争っている場合に，一方が建築確認申請をして確認を受け建築工事を始めたような場合では，裁判所に工事停止の命令などを出すように要請し，裁判所が認めたら工事停止の仮処分を命ずることができる。また，この処分に不服がある場合は上級審に異議申し立てを行うこともできる。ただし，これは行政権の行使を制御する行政法としての建築法規の適用とは別の話で，民事保全法に基づくものであって，実体的要件としては，保全されるべき権利の存在及び保全の必要性の存在が申立人により証明されることが必要となる。

《参考文献》

最高裁昭和58年（行ツ）第35号，同59年10月26日第二小法廷判決，民集，38巻10号，
　　p.1169

Q22 検査済証のない建築物は、どのように取り扱われるのか

完了検査に合格したことを示す検査済証（法第7条第5項）を取得していない建築物については、建築基準法上、どのような取り扱いが規定され、どのような不利益を受けると考えられるか。

また、そのことは、売買や請負などの私人の契約関係には、どのような影響を及ぼすか。

A22

● 建築物の使用に関する建築基準法上の取り扱い

建築基準法上、建築物は、「検査済証の交付を受けた後」でなければ、使用し、使用させてはならないと規定されている（法第7条の6第1項。ただし4号建築物には制限がない）。

ただし、この規定を根拠に、直ちに、検査済証を取得していない建築物の使用禁止が命じられるわけではない。検査済証交付の法的性質については、「当該建築物等が建築関係法規に適合していることを公権的に判断する行為」と解されている。そして、検査済証の交付自体は「原則として当該工事完了に係る建築物の使用を開始することができないという法的効果」を有するにとどまり、「それを受けなかったからといって、いったん開始された使用につき、その継続を許さないとする法的効果までをも有するものではない」とされる（検査済証の取消請求に関する神戸地裁平成13年12月26日判決）。

一方、検査済証さえ取得していれば何ら問題が生じない、というわけでもない。検査済証の取得は、「特定行政庁の違法建築物に関する違反是正の命令を発する上において法的障害となるもの」ではないとされる（同判決）。つまり、建築基準法上は、検査済証の取得という手続きの有無ではなく、実際の建築物に法令違反があるか否かといった点により取り扱いを決しているといえる。そのため、検査済証の取得の有無にかかわらず、実際の建築物に法令違反があれば、使用禁止、是正等の措置を指導され、指導に応じなければ命じられることになる（法第9条）。

建築物の適法性は行政の関心事であり、適法性に疑義がある建築物については、建築主、設計者、施工者らは、第12条第5項に基づく報告が求められる可

能性がある。検査済証がない場合には，検査済証とは別の手段にて適法性の証明を行わなければならなくなる。

● 増築等の確認手続への影響

　一般に，「検査済証がないと増改築が難しい」といわれる。確認済証がない場合，確認等の手続が容易ではないという手続の問題が生じる。それだけでなく，そもそも建築物に違反があり，適法化が困難であることが多いという事実上の問題も無視できない。

　まず，手続の問題であるが，増築・大規模の修繕等の工事を行う場合，確認申請を行い，現行法に適合させるのが原則である。そして，建築当時の法適合性＝既存不適格建築物であれば，適合義務の一部が緩和されるが，既存建物の検査済証が残存していない，または，当初から取得していないなど存在しない場合，建築当時の法適合性＝既存不適格建築物であることを証明するのは難しくなる。とはいえ，確認済証を取得した建築物で，取得時期が証明できるのであれば，この点から既存不適格建築物であることを証明することが可能である。増築等の確認申請（既存建築物の増築等について法第86条の7の適用を受ける場合）に当たっては，既存不適格調書にて「既存建築物の基準時及びその状況に関する事項」（当該既存建築物に，どの時点の建築基準法が適用されるのか）を明らかにする必要があるところ（法施行規則第1条の3第1項），基準時の証明は，行政庁の建築確認台帳（法第12条第8項）の記載や，その他の書類による工事時期の特定にて代える余地があるとされている（平成21年9月1日国住指第2153号「既存不適格建築物の増築等に係る建築確認の申請手続きの円滑化について（技術的助言）」）。

　加えて，増築等の確認申請では，既存建築物の状況調査が必要である。検査済証の取得後または使用開始後に何らかの工事が行われることはしばしばあり，検査済証の存在だけでは現在の建築物の適法性を証明するものとして十分ではないからである。2014（平成26）年に発出された国土交通省「検査済証のない建築物に係る指定確認検査機関を活用した建築基準法適合状況調査のためのガイドライン」は，既存不適格調書の状況調査に関するルール化と位置づけられている。

　以上のとおり，単に検査済証がないというだけであれば，工事時期の特定と適合状況調査によってリカバーが可能であるとされている。2000（平成12）年ごろまでの検査済証の取得率は半分に満たず（「住宅・建築物の耐震化促進方策の

あり方について」平成 25 年 2 月社会資本整備審議会・第一次答申)，それらの建築物についても円滑に増改築できるよう，法制度が整備されつつある。

一方，検査済証を取得していない建築物では，確認申請図と大幅に異なる工事や検査後工事によって重大な違反が生じており，違反の是正が困難なことによって確認の取得や工事が困難となる傾向がある。検査済証を取得していないという事実は，建築当時の建築主，設計者及び施工者の遵法意識の低さの結果であり，手続きの問題よりも重大な，是正困難な違法が潜んでいるというリスクを知る一つの目安であると考えられる。

● 私人間の契約関係に及ぼす影響

契約の目的物である建物に検査済証がないことは，契約関係にさまざまな影響を及ぼし得る。

まず，少なくとも今日の新築の建物売買，請負，設計監理の契約においては，検査済証がないこと自体が，瑕疵・債務不履行に該当する可能性が高い。発注者が特に法違反を指示し，または許容している事情がない限り，建物が適法であることは契約上の前提である。そして，適法性（遵法性）を証明するものとしての検査済証の取得もまた，契約において求められていると解されるからである。

一方，中古建物の売買においては，規模・用途，契約当事者の意思・認識等を個別に検討すべきである。そして，前述の過去の検査済証の取得率の低さからすると，必ずしも瑕疵（価値を下落させるもの）とはいえない場合もあるだろう。とはいえ，2003（平成 15）年に国土交通省から金融機関に対し「新築の建築物向け融資における検査済証の活用等による建築基準関係規定遵守への協力要請について（依頼）」という通知（平成 15 年 2 月 24 日付国住指第 8310 号）がなされ，以降，住宅ローン融資の審査に検査済証による遵法性の確認を取り入れた金融機関が増えたため，検査済証がない住宅の購入ではローンの選択肢が限られるということが生じている。また，上述した増改築の手続きの煩雑さや，2007（平成 19）年ごろ以降には検査済証の取得率が 9 割前後にまで上っていることに鑑みると，近年の建物については，検査済証がないことが瑕疵・債務不履行と評価される可能性は少なくないと考えられる。

なお，検査済証がないことの金銭評価は難しいところであるが，設計監理者に対する損害賠償請求訴訟において，融資等の「取引上のマイナス要因となり得る」ことを考慮し，土地・建物価格の減価を 10 ％（違反是正費用は別）として損害額

を算出した裁判例がある（東京地裁平成25年9月5日判決）。

　賃貸借契約についても，用途変更やエレベーターの設置等を前提とし，確認申請が必要であることが当事者間で認識されていた場合では，検査済証がないことを理由とした契約の解除，損害賠償請求が認められる場合がある（介護施設への用途変更を目的とした賃貸借契約に関する東京地裁平成28年3月10日判決など）。賃貸借契約においては，賃貸人は，目的物を契約の内容に従って使用収益できる状態にしなければならないところ，確認申請が必要な建物で検査済証がない場合，（予定どおり）確認申請を行うことができず，賃借人の使用収益に支障が生じ，債務不履行と評価され得るのである。

《参考文献》
神戸地裁平成13年12月26日判決，裁判所ウェブサイト
東京地裁平成25年9月5日判決，ウエストロー・ジャパン
東京地裁平成28年3月10日判決，ウエストロー・ジャパン

第3章
建築設計や施工の実務と契約・法適用をめぐる論点

　ここでは建築生産過程の原則を踏まえつつ，現実には法律で想定しているとおりにはいかない現場の実態を考察している。建築物は非常に多様であり，それに応じて生産体制で参画する関係者も発注者，設計者，施工者の態様は個人から大組織の企業まで非常に多様である。建築生産の現場では，必要な情報の受け渡しが常に行われながら生産が進められているわけであるが，現場一品生産であることを反映してその実態は多様で，さまざまなことが起こり得るため，法的枠組みで十分に律しきれる状況には必ずしもない。例えば，設計における契約行為の成立のあいまい性，設計内容の密度の粗密を反映した施工現場での設計変更の発生と契約変更の関係，確認検査の法的限界などが論点として挙げられる。ここでは，法的な概念設定ではとらえきれない実務上の課題についてまで視野を広げ，検証を行っている。

Q23 建築主との建築設計契約はどのような形で結ばれることが求められているのか

建築法制で想定する基本的な建築生産過程では，建築主は，建築設計者と契約を結び，報酬の支払いと引き換えに設計図書を入手し，設計図書をもとに，建築物の施工を施工者に発注して完成した建築物を入手するものと考えられている。しかし，実際においては設計における契約の履行様式は多様で，設計契約そのものについても建築主の意識の中ではかなりあいまいである。だが，近年の建築士法の改正で設計受託の場合の行為規範が示された。建築主の意識が，建築士法の規定の精神に沿って変化していくかどうか，今後が注目される。

A23

● 建築設計業務の持つ性質と契約

建築主が建築を造り上げるためにとる行動は多様で，法律の建前とは異なり，順序だって設計の依頼から手を付けて施工の発注というステップを踏んで行われるとは限らない。もともと，具体的成果物を伴わない知的生産行為に対してはサービスとみなす風潮や，契約に対する知識が乏しく重要性の認識が薄い国民性があることも手伝って，建築主が主体的に意識して設計の依頼をし，契約を結ぶことは必ずしも一般的ではない（Q_{13} 参照）。

建築工事は多額の費用を要し完成までに一定期間を要することから，工事費や工期については建築主の関心が高い。また，工事を請け負う側にとっても工費が確実に支払われることは極めて重要な問題であることから施工工事の契約は一定の形式に則って行われるのが通常である。これに対して設計は建築主の意図・意向を反映させながら，予算や敷地の制約を加味して建築工事が可能なところまで設計図書をまとめ上げる作業であり，場合によっては，現場での実況に応じて工事の施工後まで設計変更という形での対応が求められる。設計作業は，企画・構想，基本設計，実施・詳細設計など段階的に詳細化・精緻化するのが通常である。対象となる作業範囲も異なるため，最初は口約束で作業が動き出すなど，いつから始まったか報酬の支払い条件は何かなど契約の具現化についてはあいまいな点が多いまま推移しがちである。このため設計の必要性について意識されても建築主に契約の意識が低く，設計行為と契約との関係を明確にすることが設計業界の

長年の課題であった。

●建築士法の改正

2014（平成 26）年の改正で，ようやく第四章の二設計受託契約等として以下の項目が加えられた。

（設計受託契約等の原則）
第 22 条の 3 の 2 　　設計又は工事監理の委託を受けることを内容とする契約（以下それぞれ「設計受託契約」又は「工事監理受託契約」という。）の当事者は，各々の対等な立場における合意に基づいて公正な契約を締結し，信義に従って誠実にこれを履行しなければならない。

（延べ面積が三百平方メートルを超える建築物に係る契約の内容）
第 22 条の 3 の 3 　　延べ面積が三百平方メートルを超える建築物の新築に係る設計受託契約又は工事監理受託契約の当事者は，前条の趣旨に従って，契約の締結に際して次に掲げる事項を書面に記載し，署名又は記名押印をして相互に交付しなければならない。
　　1　設計受託契約にあっては，作成する設計図書の種類
　　2　工事監理受託契約にあっては，工事と設計図書との照合の方法及び工事監理の実施の状況に関する報告の方法
　　3　当該設計又は工事監理に従事することとなる建築士の氏名及びその者の一級建築士，二級建築士又は木造建築士の別並びにその者が構造設計一級建築士又は設備設計一級建築士である場合にあっては，その旨
　　4　報酬の額及び支払の時期
　　5　契約の解除に関する事項
　　6 に掲げるもののほか，国土交通省令で定める事項
2　延べ面積が三百平方メートルを超える建築物の新築に係る設計受託契約又は工事監理受託契約の当事者は，設計受託契約又は工事監理受託契約の内容で前項各号に掲げる事項に該当するものを変更するときは，その変更の内容を書面に記載し，署名又は記名押印をして相互に交付しなければならない。
3　建築物を増築し，改築し，又は建築物の大規模の修繕若しくは大規模の模様替をする場合においては，当該増築，改築，修繕又は模様替に係る部分の新築とみなして前 2 項の規定を適用する。（以下略）

（適正な委託代金）
第22条の3の4　設計受託契約又は工事監理受託契約を締結しようとする者は，第25条に規定する報酬の基準に準拠した委託代金で設計受託契約又は工事監理受託契約を締結するよう努めなければならない。

　このようにかなり明確な規定が設けられたが，逆を言えば1950（昭和25）年の建築士法成立以来，設計の契約については長い間あいまいなままで終始してきた。これは，設計という行為の性質が持つ難しさを反映している。我が国では設計施工一体で発注される形式が伝統的であったことも反映して，設計が独自，個別の業務として認識されない時期が長かった。設計施工一体の場合は，設計料と施工費用の区別があいまいになり，設計報酬額が明確にならず，サービス的な扱いになったりしたという実態があった。これに対抗して職能団体が会員向けに統一した報酬基準を設ける動きが，逆に公正取引委員会により不当行為とされたことをきっかけとして，1979（昭和54）年に設計作業量をもとにした報酬基準が建設大臣告示という形で導入された。これは建築士法第25条に大臣が「報酬の基準を定めることができる」という規定があることに基づいたものである。さらに，1997（平成9）年には「建築士事務所の開設者は，設計受託契約又は工事監理受託契約を締結したときは，遅滞なく，一定事項を記載した書面を当該委託者に交付しなければならない」という書面の交付規定が設けられた。契約の形式については言及しないが，受託者側が書面を交付するという形で契約内容のうち重要なものを双方が認識できるような手立てが法律で規定されることになった。そして，2014（平成26）年の改正に至っている。

●求められる設計行為の分析

　設計という行為を取ってみると始まりがわかりにくい。漠とした企画の段階，基本設計の段階を経てようやく具体的な実施設計に至るのが設計の基本的な流れであるが，企画の段階から敷地の調査などが必要で，種々の情報をもとに順次詳細な検討と具体化が行われていく。前段階の作業で得られた情報やアイデア，検討内容が後の作業に影響を及ぼす。そうしてみると，設計コンペなどで設計の段階ごとに設計者を明確に選定するプロセスを経ない限り，知的生産行為としての種々の発想がどこから始まったのか，どの段階でどう役立ってきたのかが判然としがたい実態がある。また，施工中も設計（設計変更）が行われている。施工前

の設計密度が低いから施工時になってもまだ詳細を決定したり設備と構造の調整を図るための設計が必要になるという見方から，庭師が枝を剪定しながら全体の枝ぶりを整えるように場合によっては原寸大の模型を作成したり現場での状況を見たりしながら，最終的に判断していくのが本当の設計だという主張までさまざまであるが，設計者の意識では設計行為は完成まで連続しているようだ。設計契約は設計図書の完成で終わるとすると意識の連続を断ち切ることになるため，着工後の設計行為を工事監理の一環としてとらえるといった混乱もみられた。適法性を確保するための措置としての中間検査の導入や完了検査の徹底とともに，設計行為と施工との役割分担のあり方も変化し，契約のあり方も変化してきている。もとより法の建前と現場の現実とは必ずしも一致しないが，どう整合性が図られ折り合いがつけられてより良いものとなっていけるか，改正建築士法が機能するかどうかの挑戦は始まったばかりである。

Q24 設計図書の法・契約上の位置づけと現場の認識とでは乖離があるのではないか

　建築士法上では、「設計図書」は、一定規模以上の建築物においては建築士でなければ作成してはならず、かつ、工事は「設計図書」に従って行われなければならないとされている。一方、工事請負契約においては、「設計図書」は、「契約の目的物」（すなわち「何を造るか」）を定義する主たるツールとして位置づけられており、それぞれに含まれる情報は、必ずしも同一ではない。またこれらの「設計図書」は、それに従ってすべての工事を遂行する「工事情報」としては必ずしも必要十分ではなく、工事請負契約の締結・工事の着手後であっても、「設計図書」からさらに詳細化・具体化される「工事情報」の生成が続けられているのが実態である。このような実態が、「設計者」の責任や、「設計図書」をベースとした請負契約の遂行責任のうえで、あいまいな状況が生まれる一因ともなっているといわれている。そのような「設計図書」の実態と、それから派生しうる問題について考察する。

A24

● 建築士法上の「設計図書」

　建築士法において「設計図書」とは、「建築物の工事の実施のために必要な図面（原寸図その他これに類するものを除く。）及び仕様書」（建築士法第2条第6項）であると定義されている。しかしこの定義は、「設計図書」が「建築物の工事の実施のために必要な図面」のすべてであることを意味するのでは必ずしもなく、施工段階で「設計図書」以外の（原寸図などを含む）各種の図面等が作成され、工事に適用されることと解されていたことが、歴代の解説書などからもわかる。

　またこの法的な定義上の意味での「設計図書」は、建築基準法に基づく「建築確認申請書の添付図書」としての図面・仕様書と関係が深い。この「添付図書」に含まれている情報は基本的には上述の「設計図書」に包含されていると認識されていると思われる。

● 工事請負契約上の「設計図書」の内容の時代的変化

　一方、工事請負契約において、契約の目的物がどのように規定されているかに

ついては，次のような変遷が観察されている。

標準的工事請負契約約款の昭和20年代や30年代のもの，特に民間工事を対象とした『四会連合協定工事請負契約約款』を見ると，「設計図書」との表現は用いられず，「契約の目的物」に該当するものとして，「図面・仕様書」と並んで「これらに基づいて示される詳細図・原寸図」と「指図」が位置づけられていた。この詳細図・原寸図の作成・指示や指図を行うのは「監理技師」であり，設計を行ったまたは工事監理を行う建築士であると理解されていたと解される。

しかし1971（昭和46）年以降の契約約款では，上述の「詳細図・原寸図」や「指図」の記述がなくなり，一方「図面・仕様書」には「現場説明書及びその説明回答書」が含まれ，これらを総称して「設計図書」と定義されるようになった。この背景には，1971（昭和46）年の建設業法改正における工事請負契約における双務性の確保の強調があったと思われる。すなわち，図面・仕様書及び現場説明書は，入札段階ですべての応札希望者に示される情報であり，さらに質問回答書も，図面・仕様書・現場説明書で示された情報の不明確な点について発注者側（実際には設計者）から示される確定情報であり，すべて工事請負契約の締結前に示される情報である。言い換えれば，工事請負契約の締結後に作成される「詳細図，原寸図」あるいは「施工図」等は，請負契約上の設計図書ひいては「契約図書」に含まれず，「契約の目的物」を定義するものとしては位置づけられないことになる。

● 「設計図書」と工事実施段階で生成される各種の「工事情報」

しかし，契約上の建前はともかく，従前詳細図や指図等が扱っていた詳細工事情報が，工事請負契約段階で明示的に示される「設計図書」に含められるようになったという実態はなく，これらの詳細「工事情報」は，設計内容に関する「質疑応答」や，各部分の「施工図」を請負者側が作成し設計者または監理者に提示してその承認や承諾を受けるといった「（設計と施工間の）やり取り」を通じて生成され工事に適用されるような実務が実体化していったといえる。この「施工図」には，部品の製作詳細を示す「製作図」としての内容はもちろんであるが，その部品と接続される他の部品とのとりあい・おさまりや，躯体への取り付けのしかたなどの「工事情報」も含まれるようになる。また「設計図書」に含まれる仕様書の内容が，いわゆる「性能仕様」である場合，対象部分についての具体的な詳細の設計の役割は，施工者側に委ねられることになる。さらに，いわゆる「ありよう」だけでなく「やりよう」や品質管理手続き等も同様に，「施工計画書・要領書」

あるいは「監理方針書」などといった形で，いわば「設計と施工の協働」プロセスを通じて生成・確定されるようになってきたといえるだろう。

● 「設計図書」と「工事情報」をめぐる責任の問題

上述の「設計図書」とその後生成される「工事情報」との境界のあいまいさは，それらの情報の生成・図書の作成に関する「責任」をめぐる議論に強く影響を与えている。

まず，工事請負契約上の問題について検討する。契約の建前上「施工図」等は「設計図書」（ひいては契約図書）に含まれない。この場合施工図レベルで詳細化され確定した工事内容に不具合があった場合，その不具合に責任を有するのは誰か？　という問題が発生する。施工図を作成した施工者か，それを承認した監理者か？　についての判断は難しい。逆に「契約図書」でない「施工図」に工事が適合していなかった場合には，これらは工事のやり直し・修補あるいは損害賠償の対象となるのか？　という問題もある。

次に，一定規模以上の建築物の「設計図書」の作成を建築士に限るとする建築士法・建築基準法上の「設計図書の作成」に関する業務独占規定の意味は，「工事の指示情報」を作成し請負者側に示すに当たって，資格を有する建築士に技術的な判断を委ね，特に関係法令への適合を含む「公共の安全」や公益の確保が確実になされることを担保することにあると思われる。では，「設計図書」に含まれると解されない「詳細図・原寸図」や，今日の「施工図」等に相当する図書で技術的詳細が確定される度合いが増している今日の状況に照らし，これらの図書についての作成責任が明確化されないでよいか？　という疑問が生じてしまう。

米・英などの建築生産実務においては，標準的契約書式上も，一定の部分の詳細設計が施工者側に委ねられるようにされることが一般化してきており，それに対応して例えば米国では州ごとに状況は異なるものの，施工者側が作成した「部分的」設計図書を当局に提出して審査・確認を求める等の制度整備が進んでいる事例も見受けられている。

技術の多様化・高度化がますます進展している今日の建築生産においては，特に技術的設計における設計と施工の連携・協調が不可避の状況となっている。このような状況の変化に対応し得る関係法令適合性その他の的確性の確保をどのように社会的仕組みとして担保していくのかは，今後の建築生産の質に大きく影響する重要な課題となってくると考えられる。

《参考文献》
建設省住宅局監修『建築士法の解説』(社)日本建築士会連合会，1973(1985 増補改訂)
衆議院建設委員会・建設省住宅局編著『建築士法の解説』港出版合作社，1950
平野吉信，浦江真人，古阪秀三，西野佐弥香，西野加奈子「多様化した建築生産方式における設計責任の位置づけに関する一考察」日本建築学会第 30 回建築生産シンポジウム論文集，pp.171-178，2014

建築行政の日米比較

　建築基準法制定時に，法令審査の関係で時の占領軍（GHQ）と関係があったこともあって建築行政に関しては米国との間で長年交流が続けられてきているが，日本と米国における建築行政のアプローチにはかなり違いがある。米国の場合，そもそも，合衆国憲法で建築行政は州の責務であるとされ，さらにその権限が郡（カウンティ），市に委任されてきわめて分権性の高い制度となっている。しかし個々の自治体が建築行政を行うに当たって基準がまちまちであると建築生産者が混乱するとの理由で，建築基準作成団体が東部，西部，南部の地域性を反映した標準建築基準を定めている。建築基準作成団体は，建築審査側の求めに応じて建築行政担当者への研修や個別事案へのアドバイスなど種々の技術支援を提供し，標準建築基準の改定にあたっては各地の建築主事の意見を集約するという仕組みが作られてきた。分権を前提として，その欠点を補うある程度集権的な仕組みが作り上げられている。これに対して，日本は中央集権的な性格が強いと言われてきた建築行政を，特定行政庁や民間確認検査機関に任せて分権的に変化させてきている。また，米国では建築主事（Building Official）は郡，市のトップクラスの幹部で「顔が見える」存在であるが，日本では，建築主事は末端の吏員であるし，確認検査機関は組織として業務を処理する形になっている。責任あることなのでトップが判断するという建前の米国と，責任が重いのでトップは触れず司つかさに任せる日本という国柄の違いが見て取れる。ことほど左様に，建築行政は国や地域社会の文化，伝統などに強い影響を受けている。

Q25 実務では，着工後に設計や施工で生じた変更のフィードバックはどうしているのか

建築の場合，建築主が施工業者と契約する時点では，すべての施工を行えるだけの設計図は完成していないともいわれる。施工の契約後，施工図や部材や設備の工作図を作成する過程で，設計者からどのように設計内容が伝えられるのか，またその過程で設計変更を行う必要があった場合どのように対応がとられるのか。契約内容の変更になる場合，どのようにそれらが処理されるのか。その過程が十分に建築主に伝わらなかった場合，本来の建築主の意図とは違う建築が出来上がってしまい，トラブルのもとになる場合がある。設計から施工への情報が伝わっていく過程を詳述する。

A25

● 施工時の発注の実際

建築主は設計者が作成した設計図書を根拠として，施工業者に施工を請け負わせるが，ここでは各種工事や材料・製品を作成する専門業者を束ねるゼネコンに施工を一括発注する形態を念頭に記す[1]。

このとき，契約書としての設計図書は，設計図（一般図・詳細図など），特記仕様書，標準仕様書，質問回答書などから構成されるが，建築物のすべての部品・部材の設計図・仕様[2]が備わっているわけではなく，それらの部品や部材の工事や製作を担当する各専門業者への方針指示書ともいえる。

ここで，ゼネコンは施工時に，個別の部品・部材の製作，施工を担当する各専門業者に業務を分割して指示し，発注するわけだが，建築主とゼネコンが契約する段階では，各専門業者からすべての完全な見積もりや施工図がそろっておらず，それらの専門業者すら特定していないことのほうが多い。

また建築主はゼネコンのみと一括契約するだけで，各専門業者とは契約を結ば

---

1 建築・設備分離発注の場合なども建築主と契約する施工業者が工事区分ごとに複数になるが，以降の論旨は同じ。一方，工務店などが不動産開発から行って建築主を兼ねる場合などは，建築主兼施工業者の指示が，各専門業者にダイレクトに伝わることになる。
2 一般に，施工図と呼ばれる
3 個別に専門業者と建築主が契約する場合は，その部品や工事範囲は調整シロを除き，建築主支給品などとしてゼネコンが品質保証などの業務を請け負う範囲から除かれる。

ないことがほとんどである[3]。

建築物は一品受託生産であり，設計図もすべて異なるが，膨大な部材で造られていることもあり，建築主がすべてを把握して一々，指示し承認するわけではない。

また設計者も設計段階において，建築主の各種要望や工構法，材料の制約条件など細かな部分すべてを完全に把握できるわけではないため必要な性能設定と意匠的な配慮点の記載にとどめ，施工の際に，専門のメーカー，ゼネコンがより良い提案が可能な幅を持たせている。

例えばサッシなど，設計者が性能上，意匠上想定していた形状が，施工時にメーカーを選定した段階で要求される性能を担保できないことが判明し，意匠，時には納まりの一部を変更しなければならないことがあり得るため，設計段階では，耐風圧性能，水密性能などの性能設定と，主だったサッシの形状のみの設定を行うことが多い。

ほかの例では，RC造の場合，設計者の描いた詳細図，構造図などを元に，ゼネコンがく体図を描き，それを設計者・監理者[4]が承認する。そのく体図を見ながら，鉄筋工が配筋し，型枠大工が型枠を組み立てる。監理者はこれらの設計図書と照合しながら，現地での監理を行う。

このように施工の過程では，部材や部品ごとに，重層的に細分化されて発注がなされ，それぞれの発注者や承認者とその部分の請負側管理者との対話・契約でモノが生産される。建築主は着工前におおもとの管理者（ゼネコン，分離発注のものはサブコン）とある程度簡略化され，抽象化された情報を元に，契約を行っていることになる。

こうした状況から建物の設計図は，設計者が作成した「簡略化された設計図書」（建築主とゼネコンの契約図書）と「部分ごとに段階的に詳細になった図面」（施工図）の複数が存在することになる。両者は同じモノを表現しているが，抽象化⇔詳細化の段階で重視する意図や前提条件，制約条件が異なるため，解釈の相違によるずれが頻繁に生じる。

例えば制約条件に注目すると，建築主が重視する制約条件には建築物の社会的存在における制約（例えば日影や容積率など集団規定，利用者の安全など）があるが，各専門業者はそれぞれが担う部分の技術的制約，物理的・形状の制約が課

---

4 設計者の関わりは契約によって多様化しつつあり，設計者と監理者が別の場合や，施工段階で設計者がかかわらない場合もある。

題となる。

　別の言い方をすれば，建築主は最終的に「どのようなものが造られるか」が最優先事項であり，各専門業者は自らの与えられた範囲を「どうやって造るか」が最優先の課題であり，懸念である。

　それぞれの重視する（責任を持たなければならない）指標や制約条件が異なれば，契約履行の条件，責務が違い，当初の趣旨は同じだとしても図面が異なったものになることがあり得る。

● 施工時の生産関係者間の意思の疎通

　上記の差異をどの程度認めるか，許容できる誤差とできるか・できないかは，現実には関係者間の意思の疎通による。

　例えば施工者から監理者や設計者に質疑を行ったり，あるいは定例の会議体にて問題点を定期的に洗い出したりして，不明な点や当初の設計図書と施工図で許容できない差異が生じていないかどうかを確認する。

　施工図が建築主や設計者の意図と違っていれば施工図を修正するが，設計段階で想定していない制約条件が明らかになるなどにより設計図書どおりに施工できないことがわかれば，設計図書を変更する必要が生じる。

　質疑応答の結果，設計変更が必要な場合は，建築主起因，あるいは施工条件起因にかかわらず，「設計変更指示書」を設計者や監理者が新たに発行することで，当初の設計とのずれを解消することができる。

　これらの質疑応答を通じて，関係者間の思い違いによる施工を防ぐことができる。しかし，これらのプロセスにおいて意思疎通が十分に行われず，当初の設計図書と施工図が許容できない差異のまま放置され，それが原因で不具合が起これば（瑕疵が発生すれば），いずれかの責任が問われることになる。

Q26 設計変更の発生原因は何か，付随した契約変更の必要性はどう意識されているのか

　今日の建築生産において，工事契約当初の「設計図書」どおり工事が完了することはめったにないといわれる。すなわち何らかの「変更」がなされるわけである。Q24で述べたように，「設計図書」は，工事請負契約においては，「契約の目的物」を定義する重要な位置づけを有している。この設計図書の内容を変更するということは，契約の目的物を変更することであり，これらの変更は工事請負契約の内容の変更にほかならないことになる。しかし今日の建築生産実務では，設計図書の変更がすべて工事請負契約の変更手続きにつながるとは限らない。本稿では，まず「設計変更」の発生原因について整理するとともに，「設計変更」と「契約変更」の二つの概念について，「公共工事標準請負契約約款（以下「公共約款」という）」と「民間連合協定工事請負契約約款（以下「民間約款」という）」を参照しながら，法制度上あるいは契約上の位置づけとその今日における実務実態について考察する。

A26

●「設計変更」の発生要因

　「設計変更」とは，工事請負契約における「工事目的物」（具体的には設計図書（図面・仕様書，現場説明書及びその質問回答書）で規定される）の内容について，発注者が行う「設計図書の訂正又は変更（公共約款）」または「工事内容の変更（民間約款）」である。実際には，発注者またはその代理者による変更指示書の交付等の手続きにより処理される。

　この「設計変更」の発生要因には，いろいろなものがある。

　第1に，発注者の「任意の意思」に基づく工事内容の変更がある。例えば民間約款では，「発注者は，必要によって，この工事に追加し又はこの工事を変更することができる。」（民間約款第28条(1)）のように定められている。これには工事規模（例えば面積や階数）の増減や用途の変更なども含まれる。発注者は，契約上自由にこの設計変更を行うことができる。「発注者都合」の設計変更と呼ばれることもある。

　第2に，設計図書の不備，施工条件の相違などにより必要となる設計変更がある。例えば公共約款では，以下のような状況がある場合，受注者は監督員にそ

の旨を報告し，監督員の調査によってその状況が確認され，かつ「必要と認められる」場合に，（発注者によって）「設計図書の訂正又は変更」すなわち設計変更がなされることが規定されている。

（公共約款　第18条）
一　図面，仕様書，現場説明書及び現場説明に対する質問回答書が一致しないこと（これらの優先順位が定められている場合を除く。）。
二　設計図書に誤謬又は脱漏があること。
三　設計図書の表示が明確でないこと。
四　工事現場の形状，地質，湧水等の状態，施工上の制約等設計図書に示された自然的又は人為的な施工条件と実際の工事現場が一致しないこと。
五　設計図書で明示されていない施工条件について予期することのできない特別な状態が生じたこと。

　第3に，民間約款では「受注者は，発注者に対して，工事内容の変更（施工方法等を含む。）及び当該変更に伴う請負代金の増減額を提案することができる。この場合，発注者は，その書面による承諾により，工事内容を変更することができる。」（第28条（3））ことが規定されており，いわゆるVE提案等による設計変更（施工者提案の変更）の可能性が，契約上も位置づけられている。
　第4として，現実には上記以外にも，以下に例示するような実質的な設計変更を必要とするような場合が多く生じている。
・建築・構造設計の結果と設備設計の結果が相互矛盾し，調整を要する場合
・施工図の提案・承認のプロセスを経て，合意に至った設計詳細が，元の設計図書から乖離するものとなった場合
・入札価格と予算との乖離等から請負契約代金額の調整等の要の発生のため，仕様の変更などが行われる場合

● 「契約変更」と「設計変更」
　「契約変更」とは，一般には，工事請負契約書上明記されている「工期又は請負代金額の変更」であると解されており，基本的に契約当事者相互の合意により効力を持つこととなる。
　上述した「設計変更」と，公共及び民間の両約款上でみた「工期又は請負代金額の変更」との関係を検討する。

公共約款では，「設計変更」がなされた場合に対応する「契約変更」すなわち「工期又は請負代金額の変更」として，第18条の「設計図書の不備，施工条件の相違等」及び第19条の発注者都合の設計変更の場合には，「発注者は，必要があると認められるときは工期若しくは請負代金額を変更し，又は受注者に損害を及ぼしたときは必要な費用を負担することができる（又は，しなければならない）。」旨が定められている。なお，「設計変更」が伴わない場合でも，「賃金または物価の変動に基づく請負代金額の変更（同第25条）」等の場合に「契約変更」がなされる場合がある。

　一方民間約款では，「工期の変更」と「請負代金の変更」とが別々に扱われており，「工期の変更」に関しては，発注者に「必要によって，受注者に工期の変更を求めることができる（民間約款第28条（2））」ことが定められている。「請負代金の変更」に関しては，以下の場合に，発注者・受注者の双方に，「相手方に対して，その理由を明示して必要と認められる請負代金額の変更を求めることができる」ことを定めている（同第29条（1））

a　この工事の追加または変更があったとき。
b　工期の変更があったとき。
c　第3条の関連工事の調整に従ったために増加費用が生じたとき。
d　支給材料，貸与品について，品目，数量，受け渡し時期，受け渡し場所または変換場所の変更があったとき。
e　契約期間内に予期することのできない法令の制定もしくは改廃または経済事情の激変などによって，請負代金額が明らかに適当でないと認められるとき。
f　長期にわたる契約で，法令の制定もしくは改廃または物価，賃金などの変動によって，この契約を締結した時から1年を経過したのちの工事部分に対する請負代金相当額が適当でないと認められるとき。
g　中止した工事または災害を受けた工事を続行する場合，請負代金額が明らかに適当でないと認められるとき。

●「設計変更」と「契約変更」に関する問題

　上述のとおり，「設計変更」は必ずしも「契約変更」につながることとはされていない。特に民間約款では「工期の変更を求めることができる」あるいは「必要と認められる請負代金額の変更を求めることができる」とされているように，契約当事者間の合意特に発注者側のそうすることの意思がある場合に，工期または請負代金額の変更が行われることとなる。

請負代金額の全体額の変更が難しいか，避けるべきとの判断がある場合，増額につながる設計変更と減額につながる設計変更を併せて行い，「契約変更」を回避するような実務もあり得る。また，例えばVE提案による「設計変更」の結果，減額の「契約変更」に至ってしまった等の問題も指摘されることも有る。

　さらに，「設計変更」が当事者間の通知・覚書等で処理されてしまい，実際の「設計図書」の変更（修正）に至らない場合もあることも指摘されている。設計図書の変更が，時間を要する建築確認の変更または再取得につながる場合があることも一因とされるが，こうした場合，「設計図書」と実際になされた各部分の「設計変更」の内容との間に何らかの乖離・不整合が存在する場合には，その変更部分の技術的妥当性に懸念が生じたり，工事完成後の維持管理に支障が生ずるような可能性もあるとの指摘もある。

《参考文献》

中央建設業審議会「公共工事標準請負契約約款」昭和25年2月21日（平成29年7月25日改正）

民間（旧四会）連合協定工事請負契約約款委員会「民間（旧四会）連合協定工事請負契約約款」2016改訂版

Q27 現在における建築士の法的責任はどのように整理されているのか

建築士（設計者）の責任には，法律との抵触が問われる法的責任と，より広く社会の中の専門家の役割や存在意義が問われることになる社会的責任があるが，ここでは法的責任がどのような場合に，どのような形で問題になるのかを考察する。

A27

● 建築士が問われる法的責任

建築士が，業務に際して法的な責任を問われる局面は，損害賠償等の責任を負う民事責任，是正命令の名宛て人となったり，資格が剥奪されたりするなどの行政責任，罰金や懲役刑などの刑事罰の対象となる刑事責任の可能性がある。

民事責任は，設計契約の不履行により，契約相手に損害を与えた場合の債務不履行による賠償責任や，設計業務上の過失により第三者に損害が生じた場合の不法行為による賠償責任等が問題となる。基本的には，建築士が相手方に与えた経済的損害や精神的損害に対して，金銭賠償の必要があるか否かという問題である。

民事責任は，建築に係る事故や欠陥建築が生じた場合の被害者を建築士の負担により救済するべきか否かの判断であり，当事者間で交渉を行い合意により解決することも可能であるし，建築家賠償責任保険のような保険によりリスクを回避することも一定範囲で可能である。当事者間の交渉により解決しない場合には被害を主張する者が提訴することにより民事訴訟で決着をつけることとなる。

欠陥建築等をめぐる建築紛争は多数発生しており，建築士が賠償責任を負う結果となる事例も多数ある。民事責任を負うことが，直ちに行政責任や刑事責任に結びつくものではないが，欠陥等により賠償責任を負わされる可能性があることは建築士の業務レベルの底上げにつながっていることは確かである。また建築業者らの賠償責任事例の積み重ねや阪神大震災による倒壊事故の発生などが住宅の品質確保の促進等に関する法律（品確法）や特定住宅瑕疵担保責任の履行の確保等に関する法律（瑕疵保険法）の制定や，これを支える品質評価住宅のシステム，瑕疵保険制度などの制度改革と検査機関による検査システムの充実につながっている。

行政責任は，違法建築に関わってしまった場合の特定行政庁による是正命令や，建築士法による業務規制に違反した場合の資格に関する処分など，建築士が名宛て人となった行政処分により負わされる責任である。

　行政責任は，行政法規違反を根拠として課せられ，処分を行うためには一定の手続きが必要とされる。

　刑事責任は，刑法等の刑罰法規に違反した場合の責任であるが，建築士が（職務に関連して）関わる可能性があるのは，建築基準法等の行政法規で罰則規定がある規定違反の場合や設計上の過失に起因して死傷事故が発生した場合の業務上過失致死傷事案である。

　姉歯事件では構造計算書の偽造行為が建築基準法違反として刑事責任が課されている[1]。

　刑事責任でも行政法規違反は対象となる行為が具体的に法文上明示されており，比較的違反行為が明確にしやすいが，業務上過失致死傷の場合には，専門家として果たすべき注意義務違反が存在するか否かが問題とされるが，あくまでも個人における注意義務違反が前提となり，現代的な組織的な行為や分業による行為においては特定の専門家の注意義務の範囲は容易には特定できないことから，刑事責任の成否は容易には判断しにくいことが多い。

　建築ではないが，JR西日本の尼崎における列車事故をめぐっては，会社代表者や担当役員などの責任が問題となり，検察官は不起訴としたが，検察審査会の判断により付審判という手続きにより刑事責任が争われたが，裁判所は地裁から最高裁まで一貫して無罪の判断となり，改めて組織的な事故をめぐる過失責任の追及の困難さが明確になった。

　個人責任が問題とされる場合でも，具体的な事例においてどのような注意義務があるのかは，法律上明確ではなく，裁判事例を踏まえてもあらかじめ明確にすることは難しい。

● 建築士の法的責任が問われた最近の事例

　近年では，町田市のコストコの駐車場のスロープ脱落事故で構造設計者の刑事責任が問題となった。地裁では構造設計者について，建築物の構造耐力上の安全性を脅かす要因につき，これを除去するための十分な措置を講じるべき高度の注

---

[1] もっともこの件は建築基準法違反以外に，議院証言法違反，建築士法違反も有罪となっている。

意義務を負い，自己の構造設計どおりの接合方法が確実にとられるよう十分な措置をとる必要があり，本件接合部の床スラブをつなげなければならないということを，本件矩計図の作成者である意匠設計担当者に確実に伝え，その内容を正確に把握できるよう適切に配慮すべき注意義務があったにもかかわらず，これを怠ったとして有罪となった。

高裁では原判決のいう配慮義務（設計内容を意匠設計担当者が正確に把握できるよう適切に配慮すべき業務上の注意義務）を果たすべき前提となる予見可能性があるとすることには合理的な疑いがあるとして無罪となり，地裁と高裁で判断が分かれた事案が話題となった[2]。

なお，建築士に対する懲戒や業務停止などの行政処分が行われる場合に，民事訴訟における裁判所の判決で示された民事責任や刑事事件の有罪判決が前提となって，行政処分が行われることもある[3,4]。

逆に，行政上の処分が下された事実が前提となって損害賠償責任などの民事責任の判断がなされる場合もある。そもそも行政から当該事案に関して是正命令や使用禁止命令が出された場合には，行政訴訟でその行政処分の取り消しが認められない限り，行政処分の存在を前提として当事者間の民事上の責任の判断をせざるを得ないこととなる。

また行政責任である是正命令や業務停止処分が出された場合に，建築士がこれに従わなかったときには，命令違反に関して罰則の定めがある場合，さらに建築士の刑事責任が問われる場合もある。

他方で業務上過失致死傷などの事案では，民事的に和解が成立して賠償が行われた事実や行政処分により社会的制裁を受けたことなどが刑事責任を軽減する情状となることもある。このように民事・行政・刑事の責任は相互に独立しているわけではなく相互に影響し合っているのである。

---

[2] 東京地裁立川支部平成28年2月8日判決，東京高裁平成28年10月13日判決　なお，高裁判決は確定している。
[3] 刑事事件で有罪になると建築士法第7条で建築士の欠格事由となり，免許が取り消される。一般犯罪だと禁固刑以上，建築基準法違反や建築に関する罪は罰金以上が該当する。
[4] 一級建築士の懲戒処分の基準（国土交通省）によると刑事訴追は3ランクの加重事由とされている。

Q28 施工契約において用いられる請負契約の原則はなにか

建築設計の契約については，その法的性質について委任契約か請負契約かなど種々解釈上の議論が残っているが，施工に関する契約については，一般には請負契約によって行われるものとされている。ここでは，請負契約の特徴について概観する。

A28

● 請負契約の定義

契約とは相対する当事者同士の約束のことをいう。契約には契約自由の原則があって，当事者同士の合意はどのような形であっても自由であり，明文化されようが口約束だろうが公序良俗に違反しないといった条件さえ満たせば契約として成立するとされている。

民法では，そのうち取引の性質や形態などで一定の共通性がある状況下で取り交わされる特徴的な契約の類型を典型契約として示している。民法で示されているのは贈与，売買，交換，消費貸借，使用貸借，賃貸借，雇傭，請負，委任，寄託，組合，終身定期金，和解の13種の契約である。

民法で典型契約を規定する意味は，売買や賃貸借といった状況での契約類型が社会的にほぼ一定しており，当事者意思が不明確な場合に，そもそもこういった契約の場合はこう考えるのが原則であるからと契約解釈の標準を示すためであるとされている。請負契約もその一つである。ただし，典型契約はあくまでも標準としての例示であり当事者意思が明確であれば，それが優先して尊重される。

請負契約とは，民法で以下のように定義されている。

第二章契約
第九節　請負
（請負）
第632条　請負は，当事者の一方がある仕事を完成することを約し，相手方がその仕事の結果に対してその報酬を支払うことを約することによって，その効力を生ずる。
（報酬の支払時期）
第633条　報酬は，仕事の目的物の引渡しと同時に，支払わなければならない。

ただし，物の引渡しを要しないときは，第624条第1項の規定を準用する。
以下略

　請負契約では，第632条の規定からわかるように，発注者が指図したとおりの仕事をすることが前提となっている。仕事の内容は建築物の建設などの有形的なものに限らず講演や演奏などの無形的なものであってもよいとされる。請負は仕事の完成を内容とするものであるから請負人は仕事を完成させる義務を負う。請負は報酬の支払いを契約内容に含むことから請負人には報酬請求権が認められ，注文者は報酬支払義務を負うことになる。報酬の支払いとの関係では先に仕事を完成させる義務があり，請負人の報酬請求権は仕事が完成した後に初めて発生する。報酬の支払いは仕事の目的物の引渡しと同時履行の関係にある（第633条）。請負契約の性質は，雇用契約や委任契約などと同様に労務供給契約の一種とされている。また請負は諾成契約であって当事者間の合意のみによって成立するとされている。

● 委任契約との違い

　請負契約との比較でよく対象となるのが委任契約（民法第643条）である。請負契約は，引き渡すべき仕事の完成を約束している点に特徴があり，完成させて初めて報酬を得ることができ，引き渡し後でも瑕疵（欠陥）があればそれを補修する瑕疵担保責任を負っている。

　一方，委任契約は一定の行為を実行することを約束する契約である。一定の行為については，より厳密に分類して法律行為の実行を約束する契約を委任契約，法律行為以外の事務を実行することを約束する契約を準委任契約として峻別する場合もある。委任契約の特徴は行為の遂行を約束している点で，結果を出すことを約束しているわけではないことが請負契約と大きく異なる点であるとされている。すなわち委任契約は，行為を遂行するということに対して責任を問われるが，その結果が委託者の意に沿わないことになったとしても，責任は問われない。

　ただし，行為を遂行するに当たっては，善管注意義務（民法第644条で規定する「善良な管理者の注意をもって，委任事務を処理する義務」のことで，受託者に社会通念的にみて通常期待される範囲での注意義務をいう）を負っており，これを果たしているかどうかという観点から責任が問われる。逆に，善管注意義務さえ果たしていれば，結果については責任を問われないということになる。典型

例としては，弁護士による訴訟委任契約や医者による医療契約があり，いずれも訴訟で相手方に勝訴することや医療行為を行った結果その患者が快癒することまでは責任として求められていない。

● 建設工事における請負契約

　請負契約の特徴は，完成すべき時期までに仕事が完成しさえすればよいという点である。仕事の完成を約束した請負人自身が労務に服すとか服さないとかには関係ない。仕事が完成されれば債務は履行されたことになる。したがって，契約の性質上，請負人は特約のない限り自由に履行補助者や下請負人を用いて仕事を完成させることができる。

　このため，請負人が下請負人に仕事を丸投げし，さらに下請負人が別の下請負人に仕事を渡すという形で労務提供することなしに報酬の一部を得てしまうことがあり得る。いわゆるピンハネという状況が起こりやすい。完成すると内部が見えず使われた資機材や工程などがわからなくなる建設工事でこれが蔓延すると，報酬の額と建設に必要な費用との関係がおかしくなり，施工の品質が確保されないおそれが出てくる。建築物や土木工作物など建設物のもつ特殊性のため建設工事の請負契約では，民法の請負契約条項だけでは十分に紛争を回避し施工品質の確保が行われないとの観点から，別途の特則法等が制定されている。その主たるものが建設業法である。

　建設業法第24条では「委託その他いかなる名義をもつてするかを問わず，報酬を得て建設工事の完成を目的として締結する契約は，建設工事の請負契約とみなして，この法律の規定を適用する。」とあって，ここでいう建設工事の定義については同法で一定の限定をかけているものの土木建築工事に幅広く適用され民法の請負契約を補完している。例えば，民法上の契約成立要件は双方の合意のみであるが，建設業法第19条では建設工事の請負契約につき一定の重要事項を記載した書面を相互に交付することを要求している。これは紛争の防止を目的とするもので民法上の契約成立要件では求められていない。

　さらに，施工品質の確保のため，建設事業者に許可制度を導入し，下請負契約に一定の制限を加えて建設業者には一括下請負を禁止している（ただし，軽微な建設工事の場合は，あらかじめ発注者の書面による承諾を得たときは適用しないとされていて，リフォーム工事など軽微な工事に分類されるような場合では発注者保護の観点から課題があるとの声もある）。このほか，営業所や施工現場ごと

に一定の水準を持った施工技術者の設置を求めたり，資金力や金銭的信用などを求めたり，紛争の処理方法を定めたりすることで現実の実務に支障が生じないようにしている。

　このほか，建設工事での請負契約では，官公庁発注の場合は「公共工事標準請負約款」（中央建設業審議会），民間業者発注の場合は「民間連合協定工事請負契約約款」（旧・四会連合協定工事請負契約約款。日本建築学会・日本建築家協会・日本建築協会・全国建設業協会・建築業協会・日本建築士連合会・日本建築士事務所協会連合会）が定められており，それぞれ土木工作物，建築物の実際の請負契約実務に対しては大きな影響を及ぼしているほか，建築物の場合は注文の指示書である設計図書のあり方についても大きく関係してきている（Q_{24} 及び Q_{26} 参照）。

Q29 施工契約において用いられる請負契約での瑕疵担保責任とは

建築物など工作物は，一般に長期にわたって存続することを前提に造られている。このため，完成後に時間を経ていろいろな不具合が発生することが往々にして見られ，このとき発注者である建築主と施工工事の請負者，あるいは設計図書の作成者や工事監理者との間でトラブルが発生しやすい。このような，引き渡し時にはわからなかった何らかの欠陥・欠点を法律用語では瑕疵（かし）と称するが，請負契約におけるその扱いを概観する。

A29

● 請負契約における瑕疵担保責任

瑕疵とは，なんらかの欠点や欠陥のことを言い，物や手続きに対し一般的に備わっていて当然の機能・品質・性能・状態が欠如していることを言う。民法では，売買などの契約において，買主が売主から目的物の引渡しを受けた場合に，その目的物そのものに瑕疵があるときには損害賠償などの責任を負うとされている。これを担保責任という。このうち目的物そのものに一般的に要求される程度の通常の注意を払っても発見し得ない隠れた瑕疵があった場合の売主の責任を瑕疵担保責任という。売買の目的物に隠れた瑕疵があるときには，買主は，売主に対し損害賠償を請求することができ，瑕疵があるために契約の目的を達することができないときは契約を解除することができるとされている（民法第570条ほか）。なお，民法の債権関係規定の改正（2020年4月施行予定）においては，「瑕疵」という言葉自体は削除され「契約の内容に適合しない」という表現に改められることになっているが，内容的には同義であるとされている。

請負契約に関しては，民法第634条以降に請負人の瑕疵担保責任について規定されている。

（請負人の担保責任）
第634条　仕事の目的物に瑕疵があるときは，注文者は，請負人に対し，相当の期間を定めて，その瑕疵の修補を請求することができる。ただし，瑕疵が重要でない場合において，その修補に過分の費用を要するときは，この限りでない。

2　注文者は，瑕疵の修補に代えて，又はその修補とともに，損害賠償の請求をすることができる。この場合においては，第533条の規定を準用する。
　第635条　仕事の目的物に瑕疵があり，そのために契約をした目的を達することができないときは，注文者は，契約の解除をすることができる。ただし，建物その他の土地の工作物については，この限りでない。
（請負人の担保責任に関する規定の不適用）
　第636条　前二条の規定は，仕事の目的物の瑕疵が注文者の供した材料の性質又は注文者の与えた指図によって生じたときは，適用しない。ただし，請負人がその材料又は指図が不適当であることを知りながら告げなかったときは，この限りでない。
（注文者による契約の解除）
　第641条　請負人が仕事を完成しない間は，注文者は，いつでも損害を賠償して契約の解除をすることができる。

　請負の担保責任は，一般の担保責任の特則であると同時に債務不履行責任の特則でもある。第634条第1項では注文者の瑕疵修補請求権を規定しており，仕事の目的物に瑕疵があるときは，注文者は，請負人に対し相当の期間を定めて，その瑕疵の修補を請求することができる。だが，但し書きがあって，瑕疵が重要でないにもかかわらず修補に過分の費用を要したりするときは，この限りでないとしており，瑕疵の程度に比べて相対的に修補の費用が高額となるような場合は，必ずしも修補する必要はないとされている。設計図書とのわずかの違いで建築物の性能にほとんど差がないような場合，それでも契約を違えているからと言って建築物全体を取り壊して建て直すといった形で修補を行わせるのは社会的に損失が大きいとの考え方に基づくものである。さらに同条第2項で注文者の損害賠償請求権を規定し，瑕疵修補に代えて，またはその修補とともに，損害賠償の請求をすることもできるとしている。第1項但し書きに相当する場合は，損害賠償請求で対応することが想定されている。

　第635条は，注文者の契約解除権を規定し，注文者は，目的が達することができないとき契約を解除できるとしている。この場合も但し書きがあり，建物その他の土地の工作物については，この限りでないとされている。これは，建築物その他の土地の工作物については社会的価値があり，一定程度出来上がった後でこれを解除により取り壊すことは社会的な損失となり，また請負人に過酷な負担を課すると考えられていたことから，解除権を制限した規定だとされている。だ

がその範囲については「建築請負の仕事の目的物である建物に重大な瑕疵があるためにこれを建て替えざるを得ない場合には，注文者は，請負人に対し，建物の建て替えに要する費用相当額を損害としてその賠償を請求することができるというべきである」（最高裁判所判決平成 14 年 9 月 24 日第三小法廷）という判決が出ており，建物その他の土地の工作物について但し書きが適用される場合の解釈の幅は狭まってきているといわれている。

　第 636 条は，担保責任の制限に関する規定であり，仕事の目的物の瑕疵が注文者の供した材料の性質または注文者の与えた指図によって生じたときは，瑕疵担保責任は適用しないとしている。ここにも但し書きがあり，請負人がその材料または指図が不適当であることを知りながら告げなかったときは，この限りでないとされている。この但し書きは，施工者が建築物を造るに当たって当然知っているべき知識，持っているべき技術等に照らして不適当である場合は注文者にそのことを告げることを想定しているが，建築物の設計内容について施工者は必ずしも法令等の知識を十全に持っていることを要求されていないのであるから（**Q**$_4$ 参照），実際の案件での適用に当たっては判断に迷うグレーゾーンとされておりケースバイケースのようである。構造計算の詳細など法令に詳しくない施工者が与えられた設計図の不適切さを指摘することは難しいが，設計図どおりに施工すると階段で頭がつかえるということは施工者として図面を見れば通常認識できることと思われる。

　なお，建設業法第 19 条の重要事項記載書面の交付では，工事の目的物の瑕疵を担保すべき責任または当該責任の履行に関して講ずべき保証保険契約の締結その他の措置に関する定めをするときは，その内容を書面に記載しなければならないとされている。

● 担保責任の存続期間

　瑕疵の修補または損害賠償の請求及び契約の解除に関しては，担保責任が存続する期間が定められており，それ以降での請求は無効となる。担保責任の存続期間は仕事の目的物を引き渡したときから 1 年以内（第 637 条第 1 項）であるが，建物その他の土地の工作物については，その工作物または地盤の瑕疵について，引渡しの後 5 年，石造，土造，れんが造，コンクリート造，金属造その他これらに類する構造の工作物については，10 年（第 638 条第 1 項）とされる。だが，これらの規定は任意規定であり，契約で別に定めた場合は担保責任の存続

期間を短縮することが可能であるが，住宅についての民法の特則法である「住宅の品質確保の促進等に関する法律（住宅品確法）」では，住宅の新築工事の請負人，新築住宅の売り主に対して瑕疵担保責任の特例を定めており，対象部位として構造耐力上主要な部分と雨水の侵入を防止する部分に限定して瑕疵担保期間を一律10年間とし，売買での瑕疵担保責任については瑕疵修補請求権を明文化し，これに反した注文者・買主に不利な特約は無効としている（Q_{33} 参照）。

《参考文献》

平成 14（受）605 損害賠償請求事件，平成 14 年 9 月 24 日最高裁判所第三小法廷判決，集民，207 号，p.289

Q30 なぜ日本の契約書は薄いのか

個人法人を問わず市民間の約束事は契約によって行われる。民法や商法など私法の世界の基底をなすのは契約という考えである。一方，日本社会における契約書は，一般的に短く定型的であって，本来は個別的で多様なはずの約束事について，その詳細を決めていくという姿勢に乏しいのが実態である。欧米流の契約観とは違う日本の契約観とその背景となる社会意識について考察する。

A30

● 契約の原則

契約の原則は，双方の合意である。当事者の合意があれば口約束でも契約は完全に有効に成立するとされる。証書の作成などは，例外的な場合にのみ要求される。私人間では，多種多様な約束事があり得るので，契約締結を容易にすることに重点を置いて，契約書の作成など合意の証拠を作る方法は当事者に任せられている。

民法では，いろいろな類型の契約の規定が典型契約という形で示されているが，契約自由の原則が優先されるため，合意内容が公序良俗に反しない限り当事者の合意があって適切な書き方がされればどのような形の契約書もあり得る。例えば，委任契約とされるような種類の契約でも書き方次第では，請負契約として契約書を構成することも可能であり有効である。

一方，契約は成立するかしないかの二者択一でしかありえないとされている。このため，民法等では契約を確定させるための種々の方法を規定し，催告によって確定させるとか，一定期間内に契約に基づく権利を行使しないと権利が主張できなくなるなどの種々のルールを定めている。

● 契約書の実態

契約書は約束したことを明文化し，それに関する種々の条件を明記するとともに，将来の懸念に対して，それぞれの対応を明記するものとされる。だが，我が国の契約書の多くは，ひな形を用いて必要なところにだけ日時や，名前を書き込んで使うといった使い方がされ，実際に短いものが多い。

建物賃貸借の標準契約書などはA4で2ページ程度である。さすがに取引金額が大きくなる設計や施工では四会連合協定建築設計・監理等業務委託契約書，民間連合協定工事請負契約約款・契約書ともA4で十数ページと長くなっていて，当然特記事項は個別に処理され書き足されるのでこれよりも長くなるだろうが，どの程度現場で特記事項の加筆が行われているものなのか，正確なところはわからない。また，弁護士などの専門家がどの程度作成に携わっているのかも不明であるが，将来問題が起こりそうなことについて双方がその対応を明確にし，詳細に書き込まれることは少ないとされる。

　海外企業などとの交渉事にたけた方の話を伺うと，双方が多数の懸案事項を持ち出し，双方が手の内を見せないようにしながら自らに好都合となるように一つ一つの条項をつぶしていくことが契約づくりの妙味だそうだが，そのようなことは日本社会ではあまり行われていない。そもそも，定型的なひな形が幅を利かせるということは，個別具体の問題について書き込まなくても平気だということであり，日本社会は欧米流の契約精神とは基本的に異なる形で契約書が作られていると思われる。

● 契約をめぐる社会意識の分析

　もともと民法等は明治政府が西欧から概念を輸入したものだが，契約意識が欧米と違うにもかかわらずただ字面を翻訳して持ち込んでしまったとも指摘されている。欧米は，神との約束という契約概念が発達し，また神の前で契約当事者双方が平等に約束を守る，守らせる権利義務を負うと考えるのに対して，日本人には合意時点でルールを設定して，以後はそれに従うという伝統がなく，契約に基づき書面を作成することさえ嫌う風習があると指摘されている。

　極端に言えば，西欧風の契約という観念も存在しないのではないかとされる。契約という約束以上に，個人と個人の間では感情的な人間関係が重要視され影響を受けやすい。世間体や世間の空気を気にして，強い者，強い流れには逆らえない，という態度が見られさまざまな面で反契約精神が顔を出すとされる。

　日本人の約束感をみると，約束よりも，そういう約束をする親切・友情がむしろ大切なのであって，友人なら貸した金は返ってくると思うなと言うように約束そのものは必ずしも言葉どおりに正確に行わなくても差し支えないととらえる傾向がある。また，日本では言霊（ことだま）の思想があって，不都合なことを言葉にするとそれが実現するのではないかという意識が生ずるという。将来起こり

得ることで争いとなることが予想されることとは,「縁起でもない」こととなる。このため, 不都合なことは, その時点で双方が誠意をもって解決することになっていて, 契約書のひな形では大抵最後にこの条項が出てくる。だが, 不都合なことは起こった時点で, すでに双方の話し合いが難しくなっていることのほうが普通である。

　契約の不確定性は, 西洋の人には不安感を与えるのに対し, 日本では契約上の義務を確定的・固定的のものにすると「融通性がなくなって」不安だと主張される。日本的な法意識からすれば当事者間に懇願したり, 恩恵を与えたり, 融通を聞かせたりする余地がないことのほうが不安なのである。日本人は, 契約を契約内容以外の他の利益関係（保護, 依存, 友情などの継続的感情）も伴うものとして意識しがちなため, 契約内容を明確かつ固定的なものにすることを欲しない。約束の履行には人間関係のみが影響し, 常に状況を調整し和を尊ぶことが求められる。法規制よりも「みんなのやっていることならよい。みんながやらないようなことは決してしないように。」という社会的な圧力の方が働く。この枠組みを内側から見ると「詳細を定めるまでもなく和を乱すものはコミュニティから除外されるのであるから, 詳細な契約などというものは必要ない。」ということになる。

　日本社会には, 西欧の契約精神とは異質な, 恒久的に設定される単一の「タテ」の人間関係というものが根強く潜在しており, 同質の者を母体とする認識では, 「ひっぱればついてくるべきだ」とか「ひっぱられればどうしようもない」という性質が助長され, 専門家の意見も力関係に従属しやすい。契約の様式もその影響を受けているとの指摘がなされている。

● **今後の展開**

　法律は, 司法による解決という狭い分野に対応するだけで, 日本においては社会的なバックボーンを持ち得ていないともいわれる。このため法曹界と実社会の乖離があり, 法学部を卒業する人は多いが, 法曹界に進む人は相対的に少ない。実社会が求めるのは, 法律知識は持っているが企業組織に簡単に馴染んで自らを社風で染め上ることのできる人材であって法のバックボーンを持った法律家ではない。

　法律家が実社会では少ないため法曹人口を増やそうとしたが, 和を尊ぶ国柄のせいで訟いという実需がないため頓挫しているようだ。実社会では, 典型契約をさらに業界ごとの標準契約約款というひな形に落し込み, これを流用して済ませ

ている事例が多く，規定している条項は必要最小限にとどめてある。

　しかしながらこのような状況は変化しつつある。少なくとも企業対企業といった形では，訴訟リスクが配慮されるようになってきている。また，企業対消費者においても，契約書に直接反映するわけではないが打ち合わせ記録を作り，双方の目を通して詳細を確定していくといった作業も行われている。すでに日本は変革の時期にきており，いずれは契約社会になっていくのではないだろうか。

《参考文献》
川島武宜『日本人の法意識』岩波新書，1967
中根千枝『タテ社会の人間関係』講談社現代新書，1967

こぼれ話

 遊戯施設はなぜ建築基準法対象？

　内国勧業博覧会は明治政府が殖産興業のために開催し明治時代に5回開催されている。第5回博覧会は大阪市天王寺で開催され本会場と隣接地に動物園，堺市に水族館が設置されたが，この本会場に遊戯施設も設けられ，これが我が国における最初の遊園地となった。この遊園地にはメリーゴーランド，ウォーターシュートなど我が国で初めて米国製遊戯機械が登場し日本人を驚嘆させたようである。博覧会終了後，跡地は後に再開発され通天閣や遊園地が造られ新世界として好評を博すことになった。

　その後郊外電車沿線で集客施設としての遊園地が造られたが，戦後1955（昭和30）年アメリカのディズニーランドがテーマパークとして紹介されると日本人関係者はこぞって視察に行きその影響で日本各地に市街地内での遊園地，リゾート型の遊園地が造られることになり，また1983（昭和58）年には東京ディズニーランドが開園し多くの日本人が楽しんでいる。

　遊戯施設は建築物ではなく工作物であるが建築基準法第88条により建築基準法の規定を準用される工作物が指定されており遊戯施設についても指定され建築基準法が適用されることになっている。準用される工作物としての遊戯施設は「ウォーターシュート，コースターその他これに類する高架の遊戯施設」「メリーゴーランド，観覧車，オクトパス，飛行塔その他これに類する回転運動をする遊戯施設で原動機を使用するもの」が指定されている。準用される基準法の規定は建築確認検査等の手続き，定期報告制度関連諸規定，構造規定，材料規定等安全係る規定などが適用され具体的技術的基準が告示等で示されている。こうした遊戯施設は全国の特定行政庁にあるわけではなく，関係する自治体はそんなに多くない。したがって建築確認や完了検査に当たっては適合性の管理に相当苦労しながら行われている実情にある。

　指定された遊戯施設は定期検査を行わなければならず検査結果は特定行政庁に提出される。そのために，検査員の資格制度また検査項目，検査方法，判定基準等の検査標準が定められている。遊戯施設の安全確保にはこうした定期検査も欠かせないものである。

第4章

建築生産における各関係者の責任分担

　不幸にして，建築生産過程で何らかの問題，事故や紛争などの問題が発生した場合は，建築生産関係者に求められるのはどのような責任であり，どのような形で責任を果たすことになるのだろうか。契約上の責任や不法行為責任という民法（私法）上の責任と行政法の処分や刑法での罰則を受けるなどの公法上の責任，あるいは複数の関係者間の責任分担をどう果たしていくのか，我が国と諸外国の間で責任の果たし方に違いがあるのかなどについてみているのがこの章である。

　建築生産関係者間での責任追及の仕組みや責任分担の考え方を整理するとともに，関係者には発注者である建築主や，確認検査を行った者なども含まれるが，これらの者に対する責任の求め方，求められるレベルなどが検証されている。

Q31 各建築生産関係者の責任の原則（その1） 公法上の責任とは

建築物は，多数の関係者が協働して生産される。長い時間とさまざまな工程，多大な費用をかけて実現に向かう。建築物となってからは利用者や周辺の者に対して影響を及ぼしつつさらに長時間維持管理される。建設期間中や管理期間中に事故等が発生すると関係者に対して人命や経済損失の面で大きな影響が発生する。このような問題が発生する場合，建築生産関係者は誰がどんな責任を持っているのか，責任を追及する根拠としてどんなものがあるかを概観する。

A31

● 建築物に対する関係者の法的責任

建築物が生産され管理される過程においてはさまざまなトラブルが発生する可能性がある。報酬や代金のやり取りをめぐる争いはもちろんのこと，生産過程での約束（契約）が果たされず建築物に欠陥があって想定された機能を果たせない，あるいは建築物の欠陥や不十分な管理のため事故が起こり人的あるいは経済的被害が出た，などである。関係者の法的責任としては，以下にみるように社会に対する責任（公法上の責任）と当事者間での民事責任（私法上の責任）に分けることができる。

社会に対する法的責任としては，公法と呼ばれる法律に基づいて責任が問われるもので具体的には刑法と各種行政法によるものであり，いずれも規定に基づいて責任が問われ，行政処分（資格停止，資格はく奪など）や罰則（罰金，禁固，懲役など）などが行われる。

当事者間での民事責任としては，私法，なかんずく民法において規定される契約上の責任として債務不履行責任（民法第414，第415条）と瑕疵担保責任（民法第634条）に基づく債務履行責任と損害賠償責任があり，ほかに不法行為責任（民法第709条）による損害賠償責任がある。ここでは，公法上の責任について概観する。私法上の責任については Q_{32} を参照されたい。

● 公法上の責任

【刑法上の責任】

　刑法は，一定の罪（刑法で規定する行為）を犯した場合，国が罰を与えることを規定している。その意義は，反社会的あるいは反倫理的で社会生活を侵害するような一定の行為に対して国家が刑罰という形で制裁を与えることで，それらの行為から国民を保護するとともにそれらの行為を予防することにより社会生活の安定を維持することであるといわれている。安定した社会生活を実現することは国家の基本的使命であり，古くから国家による刑罰の執行は行われている。なお法治国家では，国家による刑罰執行の恣意性を予防するために刑罰法定主義を採用しそれを明示するのが刑法であるともいわれる。

　建築に関しては，事案における被害の程度が重大な場合，原因者に業務上過失致死傷罪などが適用される場合があると考えられる。

　　刑法第 28 章
　　（業務上過失致死傷等）
　　第 211 条　業務上必要な注意を怠り，よって人を死傷させた者は，5 年以下の懲役若しくは禁錮又は 100 万円以下の罰金に処する。重大な過失により人を死傷させた者も，同様とする。

　例えば，2015（平成 27）年 2 月に札幌市中央区のビルで起きた看板落下事故では，歩道にいた女性が頸髄損傷などの重傷を負った。事故が予見できたにもかかわらず予防の措置を怠ったとして業務上過失致傷罪に問われた副店長に対して，札幌地裁では罰金の有罪判決が出されている。この事案にみられるように，事故の結果が重大で刑法で規定する罪刑に該当する場合あれば刑法の適用がなされることになる。

【行政法上の責任】

　行政法は公益保護の観点から行政主体と私人間を調整する規律であり，その目的達成のためには公権力の使用が認められている。また，国家権力が行政権を恣意的に乱用することを防止する意味から法として規定されているとの見方もある。建築については，建築物の持つ特殊性や建築行為の特殊性から社会的要求を配慮する必要があり，それを具体化するものとして行政の介入が認められていて建築基準法等の関係法規が定められている（Q_1 参照）。

建築関係の各種の行政法においては，社会からの要求を満たす責任が誰にあるかについて手続き等の主体という形で定められている。例えば，建築基準法では建築確認申請，中間・完了検査申請手続きを行うのは建築主である。実際の建築生産過程では設計者や工事施工者が建築主の委任状により申請を代行できることから，建築主の責任意識は薄いと思われるが，社会的要請を満たすことができず，建築確認が下りなかったり工事が中断されたりすれば，一義的には必要な措置を取ることにより委任者である設計者に建築確認を再申請させたり，施工者に工事を再開させたりする責任は建築主が負うことになる。一方，建築基準法で定められた基準を守って建築物の設計図書を作成し工事監理を行うことは建築士でなければ行えず，確認検査を行う者も一定の資格がなければ行うことができない。施工については，一定の業務量をもつ者は建設業法の許可を得なければならないし，建築物の売買などの取引を業として行う場合には宅地建物取引業法に従って行わなければならない。また，完成後の建築物に対しても建築基準法，消防法，ビル管理法など多様な法令に基づいて所有者・管理者あるいは選任された特定の責任者が検査報告などを行う義務等を負っている。

　重大な手続き違反の場合は，それぞれの行政法に基づき手続きの停止等が課せられ，さらに重大な場合は罰金などの罰則が科せられる。さらに，建築基準法令に違反した建築物の場合は，建築主・所有者・管理者に是正命令が発せられ，自発的に是正が行われない場合は行政機関による強制的な是正（行政代執行）とその費用の請求が行われる。このような形で責任が追及されることにより行政法での社会的責任が果たされる。

　また，行政からの責任追及においては，別途関連して専門性のある能力を有しているものに対する責任追及が行政罰，行政処分という形で行われる。建築基準関係法令に違反した設計を行った建築士の資格停止，建築士事務所の営業停止，施工を行った建設業者の営業停止などである。なお，施工現場での労災事故については，元請けの工事施工者が対応に当たることになっている。

　行政に対する責任を一義的な責任者が果たすことで新たに発生した損害については誰がどのような形で負担するのであろうか。これについては，例えば建築基準法の違反是正に要した費用を建築主が設計者・施工者・工事監理者に対して請求するといった民事の求償による責任追及の形をとって建築生産関係者間で行われていくことになる。民事の責任はこのように求償が当事者間で玉突きのように進むことで果たされていく。

Q32 各建築生産関係者の責任の原則（その2） 私法上の責任とは

各建築生産者の私人間の責任を明らかにする場合，建築生産行為が種々の関係者相互の契約によって実行されている点と建築生産行為によってもたらされた結果によって無関係な第三者が何らかの不利益を被ることがあり得る点が責任のあり方の主な論点となる。これらの私人間の争いを調整するうえで民法を中心とする私法上の責任がどうなっているかをみることは重要である。

A32

● 契約責任

民法上の責任では，まず契約によって双方が約束したことが守られていなかった場合の責任として債務不履行責任（民法第414，第415条）と瑕疵担保責任（民法第634条）が問われる。建築の生産に関して必須の契約関係は建築主と設計者，建築主と施工者，建築主と工事監理者があり，それぞれにおいて契約における報酬や請負代金の支払い，設計や施工の不備及び工事監理の手抜きをめぐっての責任追及が起こり得る。このうち，施工の不備については，建築物の完成前は債務不履行責任，完成後は瑕疵担保責任が問われるとされている。

瑕疵担保責任は不完全履行の特則による無過失責任で，瑕疵があることさえ証明できれば，その発生の因果関係については立証しなくても施工者の責任とされる。責任追及に当たっては，債務履行請求（民法第414条）と不履行に伴う損害の賠償請求（民法第415条）の双方または片方が請求され，建築物の欠陥の修理なり，契約金の支払いなりが行われ，双方の約束が実行されたり損害の賠償が行われたりすることで決着する。なお，その場合の損害の範囲は，民法第416条で「通常生ずべき損害の賠償」とされている。損害については，それが生じたことによって得られなくなった利益（逸失利益，得べかりし利益）について双方の争いの対象になりやすいが，あれもこれも請求できるというわけではない。

また，建築物の売買契約においては，契約上瑕疵担保責任が問われるが，この場合の瑕疵は「隠れた」瑕疵で，取引で要求される一般的な注意を用いても発見できないもので買主が知らなかったものに限定される。建築物の売買では「現状

有姿売買」、すなわち「現状で、何ら手を入れずに外から見える姿のままで売る」ということが行われるが、「表に現われている」瑕疵については買主が発見できるので売主は責任を負わないが、「隠れた」瑕疵については責任を負うことになる。また、民法の特則法である「住宅の品質確保の促進等に関する法律（住宅品確法）」においては住宅の新築工事の請負人、新築住宅の売り主に対して瑕疵担保責任の特例を定めているが、この場合は対象部位として構造耐力上主要な部分と雨水の侵入を防止する部分に限定して瑕疵担保期間を一律10年間とし、売買での瑕疵担保責任については瑕疵修補請求権を明文化している。

● 不法行為責任

一方、約束に基づかない責任追及としては、主として不法行為責任に基づく責任追及がある。これは、建築物が原因で何らかの損害を被った者がその賠償を求める場合である。例えば、建築物で手すりが外れて落下事故が起こった場合、被害者は民法の不法行為責任をもとに損害賠償を求償することができる。

> 第五章　不法行為
> （不法行為による損害賠償）
> 第709条　故意又は過失によって他人の権利又は法律上保護される利益を侵害した者は、これによって生じた損害を賠償する責任を負う。

また、このような事故の場合、その責任を負うべき者は誰かについても民法では規定がある。これは民法では工作物責任の条項として規定されている。

> （土地の工作物等の占有者及び所有者の責任）
> 第717条　土地の工作物の設置又は保存に瑕疵があることによって他人に損害を生じたときは、その工作物の占有者は、被害者に対してその損害を賠償する責任を負う。ただし、占有者が損害の発生を防止するのに必要な注意をしたときは、所有者がその損害を賠償しなければならない。
> 2　前項の規定は、竹木の栽植又は支持に瑕疵がある場合について準用する。
> 3　前2項の場合において、損害の原因について他にその責任を負う者があるときは、占有者又は所有者は、その者に対して求償権を行使することができる。

これを踏まえれば、工作物の一種である建築物の場合も建築物の所有者または占有者（使用者）が責任を負うものとなる（Q_{39}及びQ_{40}参照）。なお、第717条

第1項の後段の規定は，建物を借りて使っていた者（占有者）が大家に「手すりが外れそうだから直したほうがよい」と言っていたのに事故が起きたような場合を想定しており，この場合は所有者が損害を賠償しなければならないとされている。

　ここで注意すべきは，所有者の責任は無過失責任で，ほかに原因があってもなくても，一義的には所有者が責任を負わなければならないとされている。これは，建築物という財産をもって家賃など使用収益を上げているものにはそれに応じた責任（報償責任）があるから，あるいは建築という本質的に危険を持ったものを所有する者にはその危険から生じる被害についても負担する責任（危険責任）があるからだと説明されている。

　なお，不法行為責任を追及する立場からは，所有者が建築主であってもなくても，手すりが外れた原因が設計ミスによるものであれば設計者に対して，施工ミスによるものであれば施工者・工事監理者に対して，「危険な手すりが造られたため，事故が起こって賠償請求され，賠償を行ったことで経済的不利益を被った」として求償することが可能である。また，所有者・管理者が建築主でもあった場合は前出の債務不履行責任（民法第414，第415条）と瑕疵担保責任（民法第634条）に基づく求償を行うことも可能である。

　このほか不法行為責任の追及には，マンションなどを売買によって取得した所有者が，所有者とは契約関係にない当該マンションの設計者・施工者・工事監理者に対して，「購入したマンションに欠陥があって財産価値が失われた」という形での不法行為責任を追及するというケースがあり得る。このような場合，どのような欠陥までが不法行為責任追及の対象となり得るのだろうか。

　これについては，2007（平成19）年7月6日と2011（平成23）年7月21日に最高裁判所が判決で基準を示している。それによれば，建築物は基本的な安全性を備えていなければならず，設計者・施工者・工事監理者は基本的な安全性が欠けることがないように配慮すべき注意義務があるとしている。不法行為責任の対象となり得るのは基本的な安全性を損なう瑕疵，つまり居住者らの生命，身体または財産に対する現実的な危険性を生じさせるような瑕疵であるとされ，具体的には構造耐力にかかわる瑕疵，外壁の剥落，利用者の転落につながる危険，漏水や有害物質の発生等による健康や財産の危険が例示されている。なお，建物の美観や居住者の居住環境の快適さを損なうにとどまる瑕疵は該当しないとしている。

以上みてきたように契約責任，不法行為責任は民法に基づく私人間の責任追及すなわち私法上の責任追及として主として債務履行や損害賠償請求を求める形で行われる。ただし，責任追及に当たっては法規範上留意すべき点がいくつか存在する。建築物に関しては，建築物が一度出現すると長く存続することや高価で社会経済的影響度が大きいという特性を持っていることを踏まえたうえで，責任追及が行える期限や損害賠償が認められる範囲や条件などの留意点がある（**Q**$_{33}$ 参照）。

《参考文献》
日本建築学会編『建築ストック社会と建築法制度』技報堂出版，2009
大森文彦『建築家の法律学入門』彰国社，1992
日本建築学会「第17回司法支援建築会議講演会資料」
平成17(受)702　損害賠償請求事件，平成19年7月6日最高裁判所第二小法廷判決
平成21(受)1019　損害賠償請求事件，平成23年7月21日最高裁判所第一小法廷判決

Q33 各建築生産関係者の責任の原則において留意すべき点は何か

行政に対する責任は，行政処分や行政罰の執行によって実施され，行政に対する責任も含め，最終的には建築生産過程で生じた損害の解決は民事による契約責任や不法行為責任で果たされていく。しかしながら，建築物の特性を踏まえると現行法規範では留意すべき点がいくつかある。これらの点について指摘したい。

A33

● 時効

留意すべき第一の点はいわゆる時効である。時効とは，ある出来事から一定の期間が経過したことを要件として，法律の適用関係が変動するとする制度である。法学的には，時効とは「消滅時効」または「除斥期間」を指し，前者には時効の中断が認められているが，後者は認められないと言った法的な性質に違いがある。時効が認められる理由としては，「権利の上に眠るものは権利を行使できない。」という言い方がされる。権利があってもそれを一定の期間が経過した後で行使されると，権利を行使される相手方にも，すでに一定の既成事実の上で安定した生活が継続されていたり，対抗する証拠類も散逸した状態にあったりすることが考えられる。そう言った相手方の事情も斟酌されるべきだとして，双方を調整する規定として権利が行使できる期間が定められているのだと説明されている。

民法では，ある者が，別のある者に対して金銭の支払いなどの特定の要求をできる権利を債権といい，債権を持つ者を債権者，債権によって要求を受ける者を債務者と称する。契約に根拠を置く不履行責任，賠償責任についての請求権は債権であり，民法第167条の規定により債権の消滅時効は10年とされている。つまり10年間行使しなければ請求する権利を失う。

請負契約に基づいて生産された建築物などの工作物については，その欠陥に基づく損害の請求についてさらに民法第637条に別の定めがある。

（請負人の担保責任の存続期間）
　第637条　前三条の規定による瑕疵の修補又は損害賠償の請求及び契約の解除は，

仕事の目的物を引き渡した時から一年以内にしなければならない。
　２　仕事の目的物の引渡しを要しない場合には，前項の期間は，仕事が終了した時から起算する。
　第638条　建物その他の土地の工作物の請負人は，その工作物又は地盤の瑕疵について，引渡しの後五年間その担保の責任を負う。ただし，この期間は，石造，土造，れんが造，コンクリート造，金属造その他これらに類する構造の工作物については，十年とする。
　２　工作物が前項の瑕疵によって滅失し，又は損傷したときは，注文者は，その滅失又は損傷の時から一年以内に，第634条の規定による権利を行使しなければならない。

　これによれば，請負契約によって生産された工作物について瑕疵（契約内容に照らして不適合な部分）がある場合は，引き渡し，仕事の終了，滅失または損傷したときから1年以内に発注者が請負契約の相手方である請負人に修理の費用や損害賠償を求めなければならない。
　また，工作物では不適合な部分があることがわかるまでには，風雨や季節変化などを経るといった一定の時間を要することも考慮し，請負人は木造建築などでは5年間，コンクリート造や鉄骨造などの建築物では10年間は担保の責任，つまり保証する責任があるとされているが，これらは任意規定であり，契約で別の定めを置けばそちらが優先される。例えば，民間の建築工事における契約で使われることが多いといわれる民間連合協定工事請負契約約款（旧・四会連合協定工事請負契約約款）では「木造の建物については1年間，石造・金属造・コンクリート造及びこれらに類する建物，その他土地の工作物もしくは地盤については2年間とする」と担保責任の期間が短縮されている。このような実態もあり，契約においては瑕疵担保期間が1年，2年，請求までの期間が6か月とされる場合が多いといわれている。ただし，住宅については，1990年代に多発した欠陥住宅問題を反映して制定され2000（平成12）年に施行された「住宅の品質確保の促進等に関する法律（住宅品確法）」において特例が定められており，住宅の新築工事の請負人，新築住宅の売り主に対して瑕疵担保責任の特例として，構造耐力上主要な部分と雨水の侵入を防止する部分に対象部位を限定して瑕疵担保期間を一律10年間とし，売買での瑕疵担保責任については瑕疵修補請求権を明文化している。また，これに反した注文者・買主に不利な特約は無効としている。なお，本法は新築住宅以外の建築物には適用されず，住宅であっても単なる売買や増改

築リフォームには適用されない。

不法行為による損害賠償請求については，民法第724条に規定があり損害が生じてから3年以内に請求を行わなければ時効が成立する。また，損害が生じても生じなくても不法行為が発生してから20年間が除斥期間で，それ以降は時効が成立する。建築生産に関する不法行為については建築が完成してから20年後には責任を追及することが難しくなる。

● その他の留意点

工作物の損害賠償の範囲には制限があることも留意する必要がある。建築物などの工作物で一部が契約どおりになっていなかった場合，そこを直すことを求めることができるが，例えば，階段の幅が狭いからといって建築物全体を建替えてほしいとまでは言えるのであろうか。民法第634条では工作物の瑕疵についての求償は，修補の費用までとされている。それほど重要でない部分であっても直すには非常に費用が掛かるような場合もあることから，そのような場合，契約に反するからと言って過大な賠償請求をすることは認められないとされている。例えば，完成した建築物の一部が注文どおりの美観を実現できていないからと言って全部を除却して最初から建替えるための費用を請求することはできない。これは建築物の特性に配慮した規定になっている。

また，請負契約では，建築主の指示自体に問題があって注文どおりのものができなかった場合は，請負人の責任は免除されるとされている。民法第636条の規定によれば建築主が誤った指示をした場合は，担保責任は適用されないとされている。建築の設計図が間違っていた場合，そのとおり施工したとしても施工者には責任が及ばないという規定である。

しかしながら，この条文の但し書きでは，指示が「不適当であることを知りながら告げなかった」場合は責任があるとされている。では，どのような場合までがこれに該当するか，という点については，建設業法や民間連合協定工事請負契約約款（旧・四会連合協定工事請負契約約款）で建築施工実務に即した補完がなされているもののグレーゾーンが残るとされている。

Q34 建築主から建築生産者に対する責任追及の仕組みはどうなっているか

建築生産の主体である設計者・監理者・施工者は，その業務の成果である設計図書や建築物に関し法的責任を問われ得る。本稿で述べる民事責任，建築士法や建設業法等に基づく行政上の責任（行政処分），稀にではあるが刑法や建築基準法等の罰則規定に基づく刑事責任である。

ここでは，それらの建築生産者に対する民事責任の「求め方」として，法律に規定された責任追及の手続・制度，すなわち，当事者間での紛争解決手段を紹介し，責任を求めるための手段の選択が「責任の果たし方」にも影響を及ぼしていることを指摘する。

A34

● 責任追及の手段

建築生産者が問われ得る民事責任の代表的なものは，債務不履行に基づく損害賠償義務，瑕疵担保責任に基づく修補義務，損害賠償義務である。損害を受けた建築主が，上記責任を根拠に修補や損害賠償を請求する。建築生産者がそれを争った場合，いわゆる建築紛争となる。

民事責任に関する紛争解決手段には，裁判所によるものと，裁判所以外によるものの大きく二つに分けられる。代表的なものは，裁判所による訴訟と調停である。

一方，裁判所以外の手段には，建設業法に基づく建設工事紛争審査会（仲裁・調停），品確法に基づく住宅紛争審査会，裁判外紛争解決手続の利用の促進に関する法律に基づく各弁護士会や国民生活センター等の民間の機関等がある。こうした裁判外の機関を，「ADR（裁判外紛争解決手続）」というが，通常，弁護士と建築士が間に立って双方の言い分を聞き，和解案を提案する。建設工事紛争審査会や住宅紛争審査会は，手数料も安価で利用しやすいが，対象が，前者は建設工事の請負契約に関する紛争，後者は品確法に基づく評価住宅と保険付き住宅等に限定されている。

● 訴訟による責任追及

訴訟は，責任追及や紛争解決の中心的かつ最終的な手段である。

訴訟以外の手続は，当事者間での話し合い，すなわち，相互の譲歩によって紛争を解決しようとするものであるから，少なくとも当事者の一方が話し合いに応じず，譲歩を拒めば，結局は訴訟に持ち込まざるを得ない。
　また，訴訟は三審制を採っているため（ただし，多くの事件は，最高裁から「上告不受理」という門前払いを受ける），下級審の判断は上級審で覆されることもある。
　したがって，最高裁などの上級審の判断は，訴訟のみならず，広く紛争解決という場面において，法的責任を画する規範としての意味を持っている。
　ところで，訴訟によって得られる確定判決には強制力があり，相手方の意思にかかわらず責任を果たさせる，すなわち強制執行により損害賠償相当額の金員を得ることができる，ということになっている。裁判所における調停・和解でも同様の効果が得られるが，これは，ほかの ADR では得られないものである。
　もっとも，勝訴判決を得ても，相手方が支払わなければ，強制執行には別の手続が必要であり，執行できる財産がないとか，隠されてしまって発見できない場合には，結局，労を多くして何も得られない。そのため，少しでも早期に，確実に，回収を得るために，和解による解決を選びがちである。つまり，訴訟においても，結局は，和解で終わるケースが多いということである。

● **手段の違いによる影響**

　以上のような訴訟の役割や性質から，訴訟におけるルールはほかの手段に比べて厳格である。訴訟における弁論主義（判決の基礎となる事実の主張・証拠の申出は，当事者が行わなければならないこと）や証明責任（真偽不明の場合，証明責任を負う側が敗訴すること）に関するルール（判決の基礎となる重要な事実の証明は，責任を問う側において行うのが原則）などである。
　これらの弁論主義，証明責任といったルールは，建築生産者の責任を追及する建築紛争においても，重大な問題となり得る。
　例えば，建築主が施工者に対し，瑕疵担保責任を問う場合を想定する。
　弁論主義の下では，原告である建築主が主張している以外にも瑕疵と評価すべき不具合があり，建築主がそれに気づかず主張もしていない場合，裁判所が先回りしてその不具合に関する施工者の責任を認めることは許されない。また，証明責任については，建築主において，瑕疵の存在と補修費用等の損害，それらの因果関係について証明しなければならないというのが原則である（瑕疵担保期間を

超えて不法行為（民法第709条）により責任追及を行う場合，さらに行為者である施工者の過失の立証が必要となる）。これらの点は，消費者保護の観点から強く批判されているところであるが，裁判上の原則でいえば，あくまで上記のように，責任を追及する建築主の側が主張や証明の労を負担することとなっている。

一方，訴訟以外の，話し合いによる紛争解決を図る手段では，そこまでの厳格なルールの適用は行われておらず，事実上，手続内で得られた情報を前提として，調停委員らが心証を形成し，和解案を提案するということがなされている。そのため，最終的に行き着く先として訴訟の判決によって決着される法的責任論があるにもかかわらず，法的責任とは無関係に，当事者間の資力，立場，力関係等に応じた解決の案が示され，それに沿った解決が期待されるということがある。

また，前述のとおり，訴訟の多くが和解で終了するという現状から，訴訟においても和解に向っての局面では厳格なはずのルールがあいまいとなり，主張や証明の責任が当事者の一方に対し有利に扱われるということが生じる。特に，建築紛争に関しては，裁判所が，専門家調停委員や専門委員として建築士を審理に加え，当事者間での話し合いを行う。その場合に，多くの専門知識や建築プロセスに関する情報，また資力をも有する施工者側あるいは設計者側に対し，多くの情報提供や立証の負担，さらには解決金の支払いが求められる傾向にあるように思われる。それらは，必ずしも本来の民事訴訟上の役割分担や，法的な責任を前提としたものではない。もちろん，和解に応じず判決を求めることは自由だが，話し合いの過程で裁判所の心証が固まってしまえば，判決からこれを排除することは容易ではない。

● まとめ

以上にように，民事責任については，責任の求め方という手続の方法論が，責任の果たし方にも少なからず影響を及ぼしているという現状があると思われる。

建築生産者の責任を問うという場面においては，本来，証明責任を課されているのは建築主の側であるが，多くの建築主が消費者として保護を要する者であるという問題がある。そのため，和解の手続の中で，建築生産者側の責任にプラスアルファの要素が加えられている傾向があるのは否定しがたい。

Q35 関係者が多数の場合の責任分担の考え方にはどのようなものがあるのか

建築生産のプロセスには，多くの建築生産関係者が関与する。これらのうち，建築主と契約を締結して業務を提供する，例えば設計者や元請工事施工者がいるし，また建築主とは直接契約関係はないものの，設計者，監理者や元請施工者を通じて専門業務を提供しているコンサルタントや専門工事業者らもいる。さらに，建築確認・検査を行う行政機関や民間確認検査機関も重要な関与を行っている。これらの建築生産関係者が提供した業務における不具合等によって建築主に損害が発生した場合，建築主から建築生産関係者に対して賠償請求等の訴えが提起されることがある。この場合，特に建築主に生じた損害が，複数の建築関係主体の業務に複合して起因しているとみられる場合，その損害を賠償する責任の求め方には多様なパターンが存在し得る。建築生産関係者の提供する業務の不具合等により建築主に損害が生じるケースとしては，①工事の完成の遅延，②工事の結果物における不具合（瑕疵）の発生，③生産プロセス内における事故等による第三者危害等があり得る。③については Q_{36} で扱うこととし，ここでは多様な責任追及のアプローチがあり得る②（瑕疵の発生）の場合を中心にして，考察を行う。

A35 ● 契約責任に基づく賠償請求等

我が国における完成工事物に生じた瑕疵についての責任は，Q_{32} などで述べたとおり，請負契約における「請負者」の瑕疵担保責任という形で，請負者に対する責任追及としてなされる場合が多い。この請負者の瑕疵担保責任に関しては，民法上の関係規定（建物等の土地の工作物については，民法第 638 条ほか）が適用される場合，個々の工事請負契約で明示的に約定した瑕疵担保責任の対象や存続期間等の諸規定に基づく場合，工事請負契約で約定または並行して請負者から注文者に提供される「保証」（契約）に基づき，一定の瑕疵等不具合について，一定期間請負者の手によって無償で補修等を行うことを約定（意思を表明）するような場合などがあり，瑕疵担保責任を「請負者」が負担するケースが多くなっている。さらに，工事が住宅を対象としたものの場合には，住宅の品質確保の促進に関する法律（住宅品確法）に基づき，特定部位

の瑕疵についての請負者の10年瑕疵担保責任が定められているため，工事請負契約上明示されていなかった場合でも，建築主が瑕疵によって生じた損害の救済を請負者から受けられる仕組みが構築されている。

　これらの「契約に基づく瑕疵の修補（またはこれに代わる損害の賠償）」は，建築主の「訴え」によるというよりは，契約の約定内容の履行の請求という形で開始されることが多い。しかし，契約上約定された行為の履行がなされない場合，またはその救済によっては建築主が満足できない場合においては，ADR等による解決，さらには訴訟の提起による争いという形に展開されることとなる。

　しかし，完成工事物の瑕疵は，すべてが請負者（施工者）の責によって生じるとは限らない。民法上でも，請負者の瑕疵担保責任は，当該瑕疵が「注文者の与えた指図」によって生じたとき等は適用しない（2017年改正前民法第636条）とされる。設計者が作成した設計図書による請負者への指示等によって，完成工事物の瑕疵が発生したと考えられる場合には，設計者や監理者を含めた責任の所在について，建築主と請負者間で争われる場合もある。もとより同条には，請負人がその指図等が不適当であることを知りながら告げなかった場合はこの限りでない，との定めもあり，請負者側により大きな義務が課されているといえる。

● 不法行為責任に基づく賠償請求等

　工事請負契約における瑕疵担保責任を根拠とした瑕疵の修補請求またはそれに代わる損害賠償請求は，請求の対象が工事請負者に限られること，契約上瑕疵担保責任の存続期間または修補等請求を行うことができる期間が限定されている等の理由で，建築主にとって十分な損害の回復または救済を受けられない場合もある。こうしたことも背景の一部となり，昨今の建築の不具合をめぐる責任追及は，「不法行為責任」をベースとして訴えが提起されることが増加している。不法行為責任の追及の場合は，契約責任の追及の場合と異なり，建築主は責があると考える建築生産関係者のうちいずれの者または関係者群に対して，その要求を行うことが可能である。

　不法行為を根拠とした建築の不具合についての責任追及では，昨今の判例及び裁判例上，例えば当該不具合が安全にかかわるようなものである場合などに，請負者あるいは設計者・監理者の不法行為責任（ひいては賠償責任）が認められている事例が増加している。

● 瑕疵の修補等に係る特色ある海外の制度例

　建築の工事物において瑕疵が生ずることによって，建築主または建築生産の完了後の所有者に生ずる損害をどのように救済すべきかについては，海外を含め各国共通の高い社会的関心でもある。

　米・英のようないわゆるコモンロー国では，我が国のような民法による請負者の瑕疵担保責任などの定めがないため，請負契約上の瑕疵担保責任は自動的には発生しない。このため，請負契約において，請負者が使用材料及び施工が設計図書や関連法令の要求に適合していることを保証する約定（Warranty）をすることが通常である。通常1年程度の是正期間を超えた場合は，別途法で定める出訴期限（Limitation Period 6〜12年程度）内であれば，損害の賠償を求める訴えを提起することができる。

　フランスでは，古くから民法典における関係諸規定（スピネッタ法）に基づき，設計者，工事請負者はもとより，資材供給者や技術監理機関等を含む建築生産関係者に共通して10年間の瑕疵担保責任を求め，同時に保険付保を義務づけるとともに，建築主にも当座の不具合回復を早急に実施するための損害保険の付保を義務づける制度が定着している。発生した瑕疵・不具合の修補は，まず建築主の損害保険によって対応される。その後建築主の保険の保険者と各建築生産関係者の責任保険の保険者の間で，責任の所在・修補等の費用の負担割合が協議・調整され決済されることによって，当事者間の争いが大きく顕在化しない仕組みが定着している。

　また，オーストラリア（連邦）のビクトリア州の事例では，建築規制法令に基づき，建築生産に関与する，設計者，工事請負者，規制適合監督機関等すべての建築生産関係者に，当局への登録と責任保険の付保を求めている。この場合，オーストラリアにおけるコモンローでは，複数の業務提供者が関与する生産プロセスにおいて不具合が発生した場合，すべての関与者に共通の連帯責任を認めるという「共同連帯責任 Joint and Several Liability」が原則となっているため，一つの関係主体のみが，生じた損害全体の賠償責任を負わされることになってしまう場合があり得る。この原理が適用されると，各建築生産関係者個々の賠償責任の範囲が限定されなくなり，これに対する専門家賠償責任保険が成り立たなくなると見られたため，制定法である建築規制法令において，各関係者が負うべき責任を「応分責任 Proportionate Liability」に限定することを規定し，保険に基づく救済の仕組みを実現している。

Q36 第三者が損害を被った場合の救済手段としてはどのような方法があるのか

建築物に関して第三者が損害を被るような事象としては，① 建築生産段階（特に工事段階）における発生事故等により通行人・近隣居住者らの第三者に被害が生じる場合，② 工事完了後工事物の引渡しが行われた後の使用段階で第三者に被害が生じる場合，とがある。②のケースは，「第5章 建築物の維持管理における論点」で扱われるため，ここでは①の建築生産段階における第三者被害（労災事故は含まない）について論ずる。このような第三者被害としては，a）工事現場から機材，資材等が落下または倒壊し，第三者に危害を及ぼしたり第三者の財産に損害を与えたりした，b）通行人・自転車等が工事現場の仮設構造物に衝突し，それが原因で転倒した，c）工事物自体が倒壊または発火し，周辺へ被害を及ぼした，などのタイプが考えられる。

A36

● 第三者被害と不法行為責任

建築工事に起因して，「第三者」すなわち建築主を含む建築生産関係者と契約その他の法律関係を有しない者，例えば隣家の住人または所有者，付近を通行する者などが被る損害は，典型的な不法行為責任に関する問題として論じられる。すなわち，損害を被った第三者からみた場合，通常，民法上の不法行為責任の追及によって被った損害の賠償を得ることによる救済が考えられる。

● 不法行為責任を追及する対象主体

損害を被った第三者が不法行為責任を追及する対象は，一般に施工者（請負者）であることが多い。その理由としては，

- 一般に，工事請負契約において，現場管理の責任及び第三者被害の賠償責任は請負者に与えられている
- 上述の第三者被害の類型の各々において，その直接の起因者は請負者であると考えられる

民法にも，請負契約に関係して，「注文者は請負人がその仕事について第三者

に加えた損害を賠償する責任を負わない。但し，注文又は指図についてその注文者に過失があったときは，この限りではない。」（第716条（第三者の損害））ことが定められており，第三者が被った損害の賠償責任は，原則として請負者にあることが示されている。

このような場合の救済の実質化を図るため，請負者は工事保険に加入していることが一般的である。請負契約上もそうした保険への加入（付保）を求めることも常態である。

しかし，民法の規定にもあるとおり，第三者への被害をもたらした事故等が，施工上の問題のみならず，建築主あるいはその代理としての設計・監理者らによる注文や指図に起因するものである場合には，建築主または設計者・監理者であっても，当該被害に関する不法行為責任が存在する可能性もある。被害を受けた第三者側からみれば，請負者のみならず，設計・監理者あるいは建築主に対しても，不法行為責任に基づく賠償請求をすることができる可能性がある。

裁判例及び判例に現れた上記民法第716条の適用中，注文者（建築主）の指図等における過失によって請負人（工事請負者）の賠償責任を免ずるかどうかの判断には，個別事情が大きく反映され，必ずしも判断は一定していない。

請負人の過失によって，工事中の建物が倒壊し，隣家に損害を与えた場合において，注文者（建築主）の責任が問われた上告審において，1968（昭和43）年12月24日の最高裁判決[1]は，建築主が，建築規制当局から建物の補強工事を実行するよう強く勧告を受けたにもかかわらず，工事請負者に工事を急がせ，その結果，工事中の建物の倒壊と隣家への損害を招いたとして，注文者の注文または指図の過失を認め，建築主への賠償を命じた原審を不服とした原告建築主の上告を棄却している。

一方，請負人により実施された道路工事において発生した落石によって第三者損害が生じた事件について，工事の発注者である県の監督責任等を問われた上告審においては，1970（昭和45）年7月16日の最高裁判決[2]は，注文者（発注者である県）が，契約において請負者に対して落石等により損害を生じないよう措置をとることを要求し，またそのための費用を請負代金額上見込み，また請負者もその趣旨を了承の上契約を締結していたこと，発注者である県が監督員を現場に派遣していたものの，その役割は工事全般に対する指図をする立場になく，契

---

[1] 判例時報，545号，p.57
[2] 判例時報，600号，p.88

約どおりの履行を確保することが主であったこと等を理由に，被告人である発注者（県）の賠償責任を否認している。

上記とは逆に，道路工事現場で発生した陥没箇所で生じた交通事故において発注者（県）の指図の過失が問われた案件では，1996（平成8）年12月26日の東京地裁[3]判決は，工事請負契約において請負者がバリケードの設置等災害発生を未然に防止する措置を講ずるべきことが合意されていたことを認めたうえで，発注者（県）も監督員を通じて，請負者に指示等を行う権限を有していたことを指摘し，請負者が採った災害防止措置が公衆災害等の防止の見地から十分でない場合には，監督員においてこれを指摘し，十分な措置を採るよう指示することができたであろうことを認め，被告人・県の不法行為による賠償責任を負うべきとの判断を示している。

なお，第三者が被る被害が人命に及ぶ重大なものであるときなどにおいては，上述の民事上の損害賠償による被害の救済以外に，別途当該被害の原因者に対して刑法上の責任（業務上過失傷害・致死等）が問われたり，資格停止・取り消し等の行政罰が適用されたりする場合もある。

---

[3] 判例時報，1624号，p.109

Q37 建築主責任として問われる可能性があるのはどこまでか

建築主が，建築物の完成までのプロセスに関し法的責任を負い得る事項としては，① 建築物の建築基準法違反，② 建築主が関与した建築物の瑕疵，①・②に起因する③ 第三者加害の三点が考えられる。

なお，③ 第三者加害については，建築主とその後の所有者が一致しないケースでの不法行為のみをここで論じ，建築主と所有者が同一のケースは維持管理を含めた工作物責任問題として第5章に委ねる。

A37

● 建築基準法違反について（公法上の責任）

建築中や完成後の建築物に建築基準法違反がある場合，建築主は，特定行政庁より，除却を含めた「違反を是正するために必要な措置」の命令（以下「是正等命令」という）を受ける可能性がある（建築基準法第9条第1項）。是正等命令は，いわゆる行政処分（行政による不利益処分）の一つであるが，実際に違反となる設計や工事を行った施工者・設計者・監理者（以下「施工者ら」という）だけでなく，建築主・所有者もまた，名あて人（命令など不利益処分を受ける者）となり得るものとして規定されている。

建築主は，建築基準法によって生命，健康及び財産の保護を受ける対象である（個別の国民に含まれる）と同時に，公益的見地からの建築の自由に対する制限を受けている。すなわち，建築主も建築する建築物について建築基準法を遵守する義務を負っており，違反建築物が建築され，建築されようとする場合，それを是正しなければならない。

手続的にも，特に完成・引渡し後の是正等命令は，建築主（所有者）の財産権の制約（侵害）に当たるため，建築主が反論し権利を守るための手続保証（告知・聴聞）として，また，建築物の改変等によって是正の実現を図るために，建築主（所有者）を名あて人とする必要があると考えられる。また，完成前においては，建築物の安全性，適法性を確保する第一次的な責任者は建築士（設計者・監理者）と解されているが，違反の内実によっては建築主が名あて人になることも考えられる。例えば，従前から既存建築物の是正が指導されていたにもかかわらず，建築主が更なる増築を試みた場合などである。

是正等命令は，対象となる建築物に違反があればよく，建築主等の当事者に，違反についての故意・過失があることは必要ない。

一般に，是正等命令より先に行政指導が行われるのが原則であり，その段階で是正等を行えば命令は回避できる。また，是正等が実現すれば，建築主の責任は果たしたことになる。そのため，命令や指導の名あて人が誰となるかに関わらず，除却や使用の禁止・制限等の不利益を避けるために，また，社会的な影響や信用・信頼といったものを考慮して，とりあえず，建築主が費用を負担し，是正等の措置を行う事態が想定される。その場合，次の段階として，その費用負担について，後述する施工者らの民事責任（瑕疵担保責任・債務不履行責任）を問うことになる。

なお，建築基準法違反に対しては刑事罰の規定もあるが，適用された事案は極めて稀である。建築主に関しては，構造・防火・避難規定など重大な違反について，故意がある場合の規定が設けられている。

● 建築主が関与した建築物の瑕疵に関する責任（民事上の責任）

本来，請負契約や設計・監理業務委託契約において，建築物や設計図書の瑕疵や，設計・監理に関する債務不履行の責任を負うのは施工者らであり，建築主の義務は報酬の支払いのみである。ところが，民法または契約条項により，瑕疵等に関する施工者らの責任の一部または全部が否定され，瑕疵の是正等の損害を建築主が負担せざるを得ない場面がしばしば生じる。

このような法的な責任分担の結果として生じる建築主の負担を，瑕疵に関する建築主の責任として，以下述べる。

では，どのような場合に，施工者らの責任が否定されるか。

まず，建築物や設計図書の瑕疵担保責任（民法第634条）については，建築主（注文者）の「指図」により生じたものは瑕疵に当たらないとの例外が規定されている（民法第636条）。例えば，建築主が建築基準法違反となる内容を指示し，結果，違反が発生した場合などである。もっとも，裁判実務においては，建築主が建築の素人であるのに対し，請負人は建築の専門家であるため，専門家としての責任を重くみて，例外規定の適用を容易に認めない傾向にある（同条項但し書き「材料又は指図が不適当であることを知りながら告げなかったとき」に該当する等の理由による）。とはいえ，建築主の指示が不適切であることを建築主の過失とみて，過失相殺の類推適用によって請負人の責任を軽減するという，割合的

な解決を図ったものは少なからず見受けられ，裁判所は微妙なバランスを取っているようにもみえる。この場合，建築主に責任を分担させるには，建築主が誤った指示について認識し得たことが必要となる。

なお，民間連合協定の工事請負契約約款は，建築主または設計者の指示や，支給材料，指定工法によって生じた瑕疵について，施工者の故意・重過失等の例外を除き，瑕疵担保責任の規定を適用しないとしている。

次に，設計・監理契約の性質が準委任契約と解される場合，設計者・監理者は，善良な管理者としての注意義務を負う（民法第 644 条，債務不履行責任）。言い換えれば，瑕疵が生じても，善管注意義務を尽くしていれば，彼らに責任を問うことができない。ただし，善管注意義務を尽くしたことの証明は容易ではなく，その点で微妙なバランスが図られている。

● 瑕疵による第三者への加害・損害の発生（民事上の責任）

建築物の「建物としての基本的な安全性を欠く瑕疵」によって第三者に損害が生じた場合，当該建築物の施工者らは，瑕疵に関する注意義務違反を前提として不法行為（民法第 709 条）に基づく損害賠償義務を負う（最高裁平成 19 年 7 月 6 日判決）。

これに対し，建築主は，施工者らと同様に，建築物の瑕疵についての不法行為責任を負うだろうか。建築主に対し所有者責任を問えない場合，また，建築物の買主が瑕疵担保期間の経過後に建築主の責任を問う場合等，この点は大きな問題となる。

前掲最高裁は，「建物の建築に携わる設計者，施工者及び工事監理者」について，建築物の「基本的な安全性」に関する注意義務と責任を認めたものであるところ，建築士制度，建設業の許可制を前提とした建築生産の専門性，役割分担からすると，単に，建築に携わったに過ぎない建築主に対し，施工者らと同様の高い注意義務を課すことは困難とみるのが一般的である。不法行為の成否については，個別の事案ごとの判断になるが，建築主に対し不法行為責任を問うには，設計者・施工者らの適切な業務遂行をもってしてもなお，建築主の行為からの瑕疵の発生を回避できず，かつ，その瑕疵や損害の発生について建築主が具体的に予見し得たと評価できるだけの事情が必要である。

とはいえ，不法行為の除斥期間は行為時から 20 年と極めて長期であることから（民法第 724 条），近年，建築主に対しても施工者らと併せて不法行為を問う

事案が増えており，事実上，建築主の負担は増す傾向にある。

《参考文献》

最高裁平成 19 年 7 月 6 日判決，民集，61 巻 5 号，p.1769

こぼれ話

時々「炎上」する建築基準法違反事件

　2018（平成 30）年 6 月の大阪北部の震度 6 弱の地震でブロック塀が倒れて子供が亡くなるという痛ましい事件が起きた。1978（昭和 53）年 6 月の宮城県沖地震で，ブロック塀の倒壊により多数の死傷者が出たことから建築基準法の施行令が改正されブロック塀の構造基準が強化されたが，今回の事件で全国的に点検が行われて問題のある物件が報告されている。これは多くのマスコミで取り上げられて言わば「炎上」状態になることで各地の課題が明らかになるという現象である。ほかにも，2006（平成 18）年 1 月，あるホテル業者が横浜市内に開設したばかりのホテルで，設置義務のある身体障害者用の設備や駐車場をいったん建設しながら完了検査後にそれらを撤去し改造して開業したという事件がある。同社の社長が遵法意識のかけらもない会見を行ったことで企業モラルが問われる展開となって全国で調査が行われ，各地の物件で同様な違反が判明した。各地の特定行政庁は，当地の物件については問題把握していたものの，行政指導のみで是正が長年放置されるとともに違反が各地で意図的に実施されているということが把握できず，全体としては野放し状態となってしまっていたことが判明した。建築行政での情報共有の重要性が浮き彫りになった事件である。時々社会ネタになることで建築物の安全性などが点検されるのは，建築行政の本旨ではないかもしれないが，現代社会におけるマスコミの効用でもある。

Q38 建築確認で誤りが見過ごされた場合，建築士や建築主事らの責任はどうなるのか

建築物は，一般的には建築士が設計図書を作成し，さらにそれを建築主事・確認検査機関が確認して初めて建築を着工することができ，施工中に中間検査を受けることで初めて施工を継続することができ，施工後に完了検査を受けることで初めて使用をすることができる。もし，建築士が設計図書を作成し，さらに建築主事・確認検査機関が基準に適合しているかどうかを確認する二重チェックの仕組みを通してもなお違反建築物が生まれた場合，その責任はどのように追及されるのであろうか。もちろん，違反建築物が生まれる背景には，設計図書だけでなく誤った施工や検査の見過ごしに起因する場合も考えられるが，ここでは設計図書での誤りに限って考察したい。簡単に言えば，誤って法に違反した設計を行った建築士とその誤りを見過ごした建築主事・確認検査機関の間の責任分担がどう考えられているかである。

A38

● 1998（平成 10）年改正以前

1998（平成 10）年の確認検査の民間開放を導入した建築基準法改正までは，誤った設計・確認をめぐって責任を問われた裁判例としては，次の 2 判例があるとされている。

① 東京地裁の 2001（平成 13）年 2 月 28 日の判決では，前面道路の判断を誤って建築確認処分したとして，建築主事の過失を認め，損害賠償を地方公共団体に命じた。

② 山口地裁岩国支部の 1967（昭和 42）年 8 月 16 日の判決では，着工後構造計算のミスが判明し，建築の中止，是正を命じられた建築主の損害賠償請求に対して，建築確認処分を行った建築主事の過失を認めた。しかし，建築主が依頼した建築士の責任のほうが重大だとして大幅な過失相殺による賠償額の減額を行った。

これらは地方裁判所での判例であり，最高裁による司法の最終的な判断ではなかった。また，確認という羈束行為ではあっても建築主事という行政機関を相手にする裁判は起こしにくかったのかもしれず，裁判例自体が多くない。

なお，建築主事が誤った建築確認処分を行った場合，建築主事の属する地方公

共団体が賠償責任を負うとされている。最高裁判例（昭和30年4月19日）では，一般的に加害公務員個人は被害者に対して賠償責任を負わないと解されており，建築主事個人は，故意または重大な過失があった場合には，地方公共団体から求償されるが，被害者に対して直接賠償責任を負わないことが通説となっている。

● 1998（平成10）年改正と構造計算書偽装事件後の動き

　1998（平成10）年に建築基準法の大改正が行われ，確認検査行為を民間機関に開放するという制度が導入され，1999（平成11）年に施行された。これに伴って，確認検査機関が下した確認に対しての訴訟が増え，上級審での判断が示されるようになった。2005（平成17）年6月24日の最高裁判決では，建築確認が建築主事を置く特定行政庁の自治事務であること，建築基準法は，確認検査機関を特定行政庁の監督下において建築確認を行わせることとしたことから，確認検査機関による確認は，建築主事と同様に，地方公共団体の事務であり，その事務の帰属する行政主体は，当該確認に係る建築主事が置かれた地方公共団体であると解するのが相当であるとされた。いわば，確認の最終主体は特定行政庁であるとされた。そのうえで，最高裁で審理された住民の訴訟については確認に故意や過失はなく論旨は採用することができないとして棄却している。

　この直後，2005（平成17）年11月に構造計算書偽装事件が発生した。被害にあった建築主からは，最高裁の判決に基づき，偽装を行った建築士のみならず偽装を見逃した確認検査機関，確認事務の帰属主体である地元特定行政庁に対する損害賠償請求訴訟が相次いで起こされた。当然，責任割合の判断が問われることになった。それらの訴訟のうち，最高裁が判断を示したものに2013（平成25）年3月26日最高裁第三小法廷判決があり，確認の過誤による責任の帰属についての基本原則を示している。

● 2013（平成25）年の最高裁判断

　2013（平成25）年3月26日最高裁第三小法廷判決によれば，2010（平成22）年7月30日大阪高等裁判所における「建築主事は建築主の申請に係る建築物の計画について建築確認をするに当たり建築主である個人の財産権を保護すべき職務上の法的義務を負うものとはいえない。」という判断を覆し，建築確認は建築主の利益の保護の一端を担っていることを認めている。

すなわち，建築確認制度の根拠法律である建築基準法は，建築物の構造等に関する最低の基準を定めて，国民の生命，健康及び財産の保護を図り，もって公共の福祉の増進に資することを目的とし，その実現には，第一次的には「建築士法上の規律に従った建築士の業務の遂行によって確保されるべきもの」であり，建築主による建築基準法第6条第1項に基づく確認の申請が，自ら委託をした建築士の設計した建築物の計画が建築基準関係規定に適合することについての確認を求めてするものであるとはいえ，個別の国民である建築主が国民に含まれず，建築主の利益が建築基準法における保護の対象とならないとは解し難いとした。

　つまり建築確認制度の目的には，建築基準関係規定に違反する建築物の出現を未然に防止することを通じて得られる個別の国民の利益の保護が含まれており，建築主の利益の保護もこれに含まれているといえるとして，「建築物の計画について確認をする建築主事は，その申請をする建築主との関係でも，違法な建築物の出現を防止すべく一定の職務上の法的義務を負うものと解するのが相当である。」とした。当然ここから，この義務を果たせなかった場合は責任を負わなければならないとの結論が導き出される。

　これを踏まえて，確認審査の原則として，建築主事による建築確認は，例えば計画の内容が建築基準関係規定に明示的に定められた要件に適合しないものであるときに，「申請書類の記載事項における誤りが明らかで，当該事項の審査を担当する者として他の記載内容や資料と符合するか否かを当然に照合すべきであったにもかかわらずその照合がされなかったなど，建築主事が職務上通常払うべき注意をもって申請書類の記載を確認していればその記載から当該計画の建築基準関係規定への不適合を発見することができたにもかかわらずその注意を怠って漫然とその不適合を看過した結果当該計画につき建築確認を行ったと認められる場合に，国家賠償法第1条第1項の適用上違法となるものと解するのが相当」であるとし，建築主事としての職務上通常払うべき注意を払っても発見しえなかった誤りについては，責任は及ばないとした。

　つまり，建築物の計画を記した設計図書の作成に当たって，違法な設計を行った一義的な責任は建築士にあり，建築主事・確認検査機関が職務上通常払うべき注意を払っていれば発見できたような誤りについては見逃した責任も発生することがあり得る，というのが現状での到達点である。この判断を踏まえ，2015（平成27）年10月27日には，静岡市と民間マンション会社の間の確認をめぐる争いで第一審・控訴審同様，最高裁決定で静岡市の違法性及び賠償責任が認められ

ている。

《参考文献》

「耐震強度の偽装と建築確認」国立国会図書館調査と情報，500 号，ISSUE BRIEF NUMBER 500（DEC.26.2005），国土交通調査室 八木寿明

平成 16(行フ)7 訴えの変更許可決定に対する抗告棄却決定に対する許可抗告事件，平成 17 年 6 月 24 日最高裁判所第二小法廷決定

平成 22(受)2101 損害賠償請求事件，平成 25 年 3 月 26 日最高裁判所第三小法廷判決

関　葉子「耐震強度偽装事件をめぐる最高裁判決の分析―建築確認の制度設計の観点から」日本不動産学会誌，第 27 巻第 4 号，2014.3

長屋とはなんでしょう 共同住宅とどこが違うの

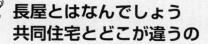

　長屋とは複数の住戸が水平方向に連なり，壁を共有する一の建築物で隣接する住戸間または上下で重なり合う住戸間で内部の行き来ができずそれぞれを独立した住戸を有する建築物のことで，それぞれの住戸にはそれぞれ玄関が付いていることが必要である。長屋の条件として必ず求められることは，各戸の玄関が直接通路などに面して外界に接続しており，その玄関をほかの住戸と共有していないことである。テラスハウスともタウンハウスとも呼ばれることがある。

　共同住宅とは，2以上の住戸を有する一の建築物で，隣接する住戸間または上下で重なり合う住戸間で内部の行き来ができない完全分離型の構造を有する建築物のうち廊下・階段等を各住戸で共有する形式のものをいう。今日では通常マンションと呼ばれていることが多い。共同住宅は建築基準法上特殊建築物に該当し，法第27条の規定に基づく防火関係規定や法第35条の規定に基づく避難関係規定の適用対象となる。

　江戸時代の長屋はほとんど平屋建てで，玄関を入るとすぐ台所であり，部屋はせいぜい2部屋程度である。路地に共同トイレがあり，風呂はない。水は共同の井戸があったが，これは地下水をくみ上げるものではなく，上水から供給されていた水道水の取水口であった。そのため水が桶に溜まるまで多少の時間がかかり，それを待つ間に近所の者で世間話をするので「井戸端会議」という言葉が生まれた。狭い長屋暮らしに大量の所有物を収納するスペースはなく，長屋住人のためにさまざまな生活物品を貸し出す損料屋（質屋を兼ねたレンタル業に相当）が発達したとされる。戦前から近年になってからは住戸の中に台所，トイレが設けられるようにもなった。通常の共同住宅は建築基準法上の特殊建築物となるが，長屋の場合は特殊建築物の対象外となって規制が緩いこともあって，共同住宅を建てられないような狭小な敷地に，2階建や3階建となった重層長屋が建てられる例があり，周辺住民との間でトラブルとなる例も見受けられる。

建築基準法
2つの「適用しない」第3条, 第38条

　建築基準法には，非常時の応急建築以外の恒久建築物において，単体規定を適用しない要件を定めた条文が2つある。建築基準法第3条と第38条である。前者は文化財が対象であり，建造された時代に保持しえなかった安全性能を新たに付け加えることが文化財の価値を損ねる場合の適用除外規定である。建築基準法は原則すべての建築物への最低基準であり，その規制対象から外すことは，建築基準法の目的に優先する事情がある例外のみであり，文化財に限られている。一方，第38条は現行法令と同等以上の効力を求めているが，その性能を規定し検証する方法が事前に明示できない新技術を想定した取り扱い規定である。

　ここで，過去存在していた歴史的建築物を再現する場合を考えてみる。第3条第1項第4号には「第1号もしくは第2号に掲げる建築物または保存建築物であったものの原型を再現する建築物で，…」とある。第1号，第2号の対象は文化財保護法および旧重要美術品等の保存に関する法律で指定・認定された建築物である。つまり，両法令に指定等をされた建築物以外の再現は，第3条の対象でない。

　例えば，はるか昔に存在していたことが文献には残っているが，文化財保護法等の制定以前に滅失したものは特別史跡および史跡名勝天然記念物内のものを除き，第3条の適用除外の対象とはならない。

　このような歴史的建築物を再現したいと要望があった場合，第38条の適用を検討することになるが，果たして「同等以上の効力がある」ことは可能であるのか？　難しい課題である。

第5章
建築物の維持管理における論点

　建築物は生産されたのちは長期にわたって存続して機能を発揮する。建築ストックが相当程度蓄積されてきた現在，それを解体除却するのではなくリノベーションするなどで社会的に有効に活用していくことも求められている。建築物に手を入れつつ維持管理をしていくと，その方法が不適切であれば，維持管理段階においても法規制からの逸脱による事故や紛争などが起こる可能性がある。維持管理段階において建築物の所有者や管理者に課せられた責任，社会的要請として求められている点などについて概観するとともに，事故事例をみることで管理者責任の実際を検証する。

Q39 建築物の所有者らの管理責任にはどのようなものがあるか

建築物の所有者・占有者は，建築物の管理に関しどのような責任が課されているか。所有者らが負う土地工作物責任（民法第717条）の概要と，賃貸借等の契約に基づいて負う管理責任との関係はどのようなものか。また，建築物の管理に関する行政上・刑事上の責任には，どのようなものがあるか。

A39

● 土地工作物責任に基づく管理責任

民法は，建築物など土地の工作物に「設置又は保存に瑕疵」があり，それによって他人に損害が生じた場合の所有者・占有者の損害賠償責任（以下「土地工作物責任」という）を定めている（民法第717条第1項）。「設置又は保存の瑕疵」とは，通常予想される危険に対し，通常備えているべき安全性を欠いているものをいう（もちろん，それ自体が積極的に危険を生じさせているものを含む）。民法は，土地工作物責任を通じて，建築物を所有者及び占有者に対し，このような安全性を欠いた状態にならないよう建築物を管理する義務（建築物の管理責任）を課しているといえる。後述するとおり，建築物の管理責任は何らかの契約関係から導かれる場合もあるが，土地工作物責任は，所有・占有の事実から何人に対しても責任を問われ得るという点で，契約責任とは異なる性質のものである。

まず，「土地の工作物」とは，建築基準法における「工作物」とは全く別の広い概念であり，「土地に接着して人工的作業を加えることによって成立した物」という意味である。裁判例では，エスカレーター，自動ドア，機械設備，中には床置きの備付消火器を認めた例もあり（消火器は，建物や設備の防火のために設置され，それらの設備の一部になって初めて消火器の持つ本来の機能を発揮するものである），必ずしも物理的な一体性を要しない。また，建築物以外では，塀・擁壁はもちろん，スキー場，ゴルフ場なども工作物としてとらえられている。

所有者と占有者が別に存在する場合，占有者が第一次的な損害賠償責任を負う。

占有者が「損害の発生を防止するのに必要な注意をした」ことを立証した場合，占有者は責任を免じられ，所有者が工作物責任を負う（民法第717条第1項但し書き）。占有者の「必要な注意」の内容・水準については，Q_{40}で詳述する。

所有者自らが建築物を占有している場合，または占有者が必要な注意を尽くしたことを立証した場合，所有者は土地工作物責任を免れない。自らに過失がなく，ほかに原因者がいる場合でも，現実に損害を賠償する必要があり，その後，求償請求することができるに過ぎない（同条第3項）。

　ただし，土地工作物に設置・保存の瑕疵があるか否か，瑕疵と損害の因果関係については，別に争う余地がある。この点も Q_{40} で述べる。

　なお，土地工作物責任は，不法行為責任の一類型であるが，不法行為責任を否定するものではないから，所有者らの過失に基づき不法行為責任を追及することも可能である。一般に，所有者，占有者，ほかの原因者が存在する場合，各々の不法行為を前提として，共同不法行為として責任を問うことが多い。

● **契約上の義務としての管理責任**

　建築物の管理自体を業務として受託する場合以外にも，さまざまな契約関係から管理責任が導かれる場合が想定される。これらの契約に基づく管理責任は，自らに帰責事由があることを前提とし，契約の相手方に対してのみ負う。上述の土地工作物責任とは別の性質の責任であるが，重なり合う場合がある。

　建物賃貸借契約においては，建築物の管理に関し，賃貸人と賃借人が役割を分担する。民法上の原則では，賃貸人は建物の使用収益に必要な修繕を行う義務を負っており（民法第606条），多くの場合，所有者が賃貸人としても管理責任を負っている。ただし，個別の契約によって，賃借人や転貸人の責任範囲を定めている場合も少なくない。

　また，雇用契約においては，雇用者は，安全配慮義務，すなわち，使用者が被用者の生命及び健康等を危険から保護するように配慮すべき義務を負っている。多くの場合，事業所の占有者でもある雇用主が建築物の管理責任を負っている。

　例えば，AがBに対し事務所ビルを賃貸し，ビルの瑕疵によってBの従業員Cが負傷した場合を想定すると，Aの賃貸人としてのBに対する債務不履行責任，及び，所有者としてのCに対する土地工作物責任，並びに，BのCに対する雇用契約に基づく安全配慮義務違反，及び，占有者としてのCに対する土地工作物責任が，併存的に問題となり得る。

● **公法に基づく管理責任**

　建築基準法，消防法等の建築関連法規は，「土地工作物」の「設置」の場面にお

いて、建築主に対し、さまざまな公法上の義務を課している。所有者らは、法改正によって規制が廃止されない限り、その後の維持管理においても、当初の適法状態を維持しなければならない。既存建築物について確認申請が不要な規模・内容の工事を行う場合でも、建築基準法や消防法等に反してはならないのは当然である（ただし、この点に関し誤った認識を持っている者が多いという印象である）。

一方、法は、維持管理という「土地工作物」の「保存」に関しても、定期報告や新たな消防設備の設置義務など公法上の義務を課しているが、設置の場面に比較すると、具体的な規制は少ない。これは、設置段階に比べ、維持管理段階で行政の管理監督が及ぶ機会が非常に少なく、規制を設けても実効性の確保が難しいことが背景にあると思われる。

現実的には、内部や第三者からの告発や、事故の発生を契機として、違法が発覚し、詳細の報告を求められたうえで、是正等の指導や命令を受けることになる。後述のとおり、所有者らに刑事責任が問われる場合もある。

● 刑法・特別法の罰則規定に基づく管理責任

仮に、建築物の不適切な維持管理が原因で事故が発生し、人身に危害が発生した場合、維持管理者が刑事責任を問われる場合がある。

業務上過失致死傷罪（刑法第211条）の「業務」とは、「人が社会生活上の地位に基づき反復・継続して行う行為で、他人の生命・身体に危害を加えるおそれあるもの」であり、それによって報酬を得ることは要件ではなく、一般的な「業務」の意味よりも広い。立場や役割分担から、適切な維持管理をすべき法的義務を負っているかどうかが問題となる。

建築物の維持管理で業務上過失致死傷罪が問題となる事案としては、火災時の消防設備の不備、防火・避難規定違反による死亡事故のほか、工作物の倒壊、手すりのない開口部からの転落事故、看板落下による通行人の死亡事故等、事例に尽きない。昨今では、天然ガスという自然界の危険に関し、予見義務違反・結果回避義務違反が問題となった事案もある。

なお、刑事責任を問われる場合の維持管理者とは、企業などの法人・団体ではなく、担当者、責任者などの個人である。

《参考文献》
平野裕之『民法総合6 不法行為法（第三版）』信山社，2013

Q40 建築物の所有者らは，注意義務を尽くせば責任を負わないのか

建築物の所有者・占有者が負う土地工作物責任は，建築物の維持・管理について注意義務を果たしていれば免責されるか。

また，占有者として責任を問われ得るのは，どのような場合か。

A40

● 所有者の土地工作物責任について

Q_{39} で述べたとおり，建築物等の土地工作物の「設置・保存」に瑕疵がある場合，所有者・占有者は土地工作物責任を負うが，所有者は，占有者と異なり，「損害の発生を防止するのに必要な注意をした」ことをもって責任を免れることはできない（民法第717条第1項）。つまり，所有者の土地工作物責任は，客観的な瑕疵の存否や，損害との因果関係の有無によって決せられ，所有者の過失は責任発生の要件ではない（無過失責任）。

この点については，立法趣旨として被害者の救済を図ったものと説明されている。

したがって，一般不法行為や占有者責任とは異なり，維持管理に関する「注意義務」という切り口から責任の当否を導くことはできない。所有者が高度な注意を払っており，建築物の劣化・危険性について何人も把握できなかったような場合であっても，所有者の責任は否定されない。

もっとも，地震や台風などの不可抗力が問題となる事案においては，所有者が必要な維持管理への注意を尽くしていたという事情は，事実上，「設置・保存の瑕疵」の評価・判断に影響を及ぼす場合がある。瑕疵は，普遍的な客観的基準から定まるものではなく，社会通念に基づく「通常」という相対的なものを基準としている。そのため，所有者（及び占有者）が注意を尽くしていたにもかかわらず，損害が回避できなかったということは，遭遇した地震や台風などが「通常」の安全性では対応できない想定外の危険であったという評価に傾く。その結果，瑕疵はなく，不可抗力によるものとして所有者の責任が否定されるということがあり得る。

所有者の無過失責任は，前述のとおり被害者救済を趣旨とするため，被害者側に落ち度（過失）があることは，所有者の責任自体を否定する理由にはならない。しかしながら，被害者側にも大きな落ち度がありながら，一方的に所有者が重い責任を負担するのは不公平である。そこで，多くの裁判例は，被害者側に落ち度

といえる原因行為等がある場合に、所有者の責任を認めつつ、過失相殺（民法第722条第2項）により被害者側の過失を考慮して賠償額を減額している。

　過失相殺を認めた例として、酔っぱらいが窓から転落した事故や、子供の悪ふざけによるエスカレーター事故などがある。

● 占有者の土地工作物責任について

　上記の土地工作物責任は、一次的には「占有者」が負うものとされている。ただし、「占有者が損害の発生を防止するのに必要な注意をした」と認められれば（証明できれば）、占有者は免責される（民法第717条第1項）。この場合に責任を負うのは、上述したとおり、所有者である。

　まず、「占有者」とは何か。どのような場合に該当するか。

　この点につき、裁判所は、占有者責任というものが、危険な工作物を管理支配する者こそが当該危険が具体化したことによる責任を負うべきである、という危険責任の考え方に基づくものであることを前提とし、そのことからすれば、「占有者」とは、物権法上の占有概念に基づく「占有」を有する者に限らず、「被害者に対する関係で管理支配すべき地位にある者」をいうと解するのが相当であると判示している（最高裁平成2年11月6日第三小法廷判決）。つまり、占有者とは、工作物を管理しその危険性に支配（強い影響）を及ぼし得る立場や役割にあり、かつ、その点が被害者との関係において認められる者（内部的な役割分担ではなく、外形的な事情が必要となろう）ということになる。

　そのため、土地工作物の占有者とは、賃借人のように空間としての建築物の一部または全部を占め、建築物を利用している者に限られない。

　先の最高裁判決は、ガスボンベ、ホース等の接続部分からなるガス供給設備が土地工作物であるという認定のもと、「保守、管理及び操作に関しては本件ガス消費設備に対し直接的、具体的な支配を及ぼしていた」として、ガス供給事業者の「占有」を認めている。

　また、アスベストを撤去しなかったことで賃借人会社の従業員が罹患した事案では、賃貸人（所有者）が占有者に当たるとされた（最高裁平成25年7月12日判決。ただし、賃借人会社の占有も否定していない）。先の「管理支配すべき地位」という点からすると、建築物の容易に動かしがたい性状・性能、例えば、耐震性や避難・防火設備の根本的な問題に関しては、調査・是正を賃借人の義務とする特約がない限り、賃貸人（所有者）の管理支配の下にあるのだから、賃貸人

を占有者とみる余地がある。

　さらに，管理会社の責任についても，「工作物責任の責任主体たる占有者というためには，具体的場合において当該工作物の設置又は保存に係る瑕疵から生ずる損害の発生の防止をすることが期待される者であることを要する」のであるから，建築物の管理を委託されている者であっても，当該部位の瑕疵を調査し補修することまで委託されておらず，期待すべき事情もない場合においては，占有者には当たらない（地震による電気温水器の配管破損について管理会社の占有者性を否定した東京地裁平成 25 年 2 月 12 日判決の例）。

　では，「占有者」の注意義務とはなにか。具体的にどのような行為をもって，「損害の発生を防止するのに必要な注意をした」と認められるだろうか。

　前述のとおり，占有者の責任が危険な工作物を管理し支配していることからすると，必要な注意の水準は，想定される危険の程度と，その危険を管理し支配している程度に応じて定まると考えられる。

　まず，前者であるが，想定される危険が大きいほど，高いレベルの注意が必要となるのは当然である。加えて，危険の大小は，土地工作物の客観的性状・性能のみならず，利用者や用途によって相対的に定まる。例えば，窓の下端が低く，窓を開けた場合に利用者が落下する危険がある場合，利用者が子供や酔客である施設では，「窓を開けるな」と小さく注意書きを掲示した程度で「必要な注意をした」とは認められない可能性がある。

　一方，後者の危険に対する管理・支配の程度という点からすると，元々，窓下端が低い場合に，占有者である賃借人が窓を設置し直すとか，法令に違反してまで完全に閉鎖する義務まで負うとは解しがたい。

　先の建築物にアスベストが使用されている事案において，賃借人や管理会社が占有者に該当するとしても，アスベストの撤去の実施すべきものは誰かという点から，賃借人の管理支配には限界があり，損害の発生防止に向けて果たすべき「必要な注意」の程度は，報告・申入れなど，管理支配の程度に応じたものになる可能性がある。

《参考文献》

最高裁平成 2 年 11 月 6 日判決，裁判集民，161 号，p.91
最高裁平成 25 年 7 月 12 日判決，裁判集民，244 号，p.1
東京地裁平成 25 年 2 月 12 日判決，ウエストロー・ジャパン

Q41 既存不適格を原因とする事故・災害が起こった場合の管理責任とは

既存不適格建築物において，現行法の基準に適合しないことによって事故・災害が発生し，建築物の利用者に損害が生じた場合，建物所有者・占有者は，土地工作物責任等の法的責任を負わなければならないか。
このことは，既存不適格建築物を認めた建築基準法と矛盾しないか。

A41

● 瑕疵の判断基準

建築物の維持管理上の問題として「設置・保存の瑕疵」がある場合，それによって生じた損害を賠償すべき義務（土地工作物責任）を所有者・占有者が負う。そして，「設置・保存の瑕疵」とは，「通常予想される危険」に対し，「通常備えているべき安全性」を欠いている状態であると解される。社会通念に基づく「通常」の水準を基準とする点で，予想されるいかなる災害にも備えなければならないわけでもない。また，契約において当事者が合意した内容・水準を基準とする瑕疵担保責任の「瑕疵」とは異なる。

建築物の瑕疵の判断においては，建築基準法等の規制法令が，瑕疵の判断基準，すなわち，「通常」の水準を示す物差しとして機能し得る。ただし，法令違反が直ちに瑕疵を基礎付けるというわけではなく，裁判所はより実質的な判断をしているという印象である。

なお，法令で該当する規定がない部分は，建築学会の指針や旧公庫基準等の技術基準，文献，業界の慣習等が，法令を補う物差しとなる。そのため，法令違反がないことのみをもって責任を負わないとの結論には至らない。また，上記の法令，技術基準，慣習等は，瑕疵の判断基準であると同時に，不法行為における行為者の過失（予見義務・結果回避義務違反）を基礎付ける事情となり得る。

● 瑕疵の判断時

工作物責任の場合，瑕疵の判断にどの時点の法令・技術基準等を用いるべきか。
一般に，瑕疵の判断時は事故発生時であり，「設置」と「保存」の瑕疵を区別すべき理由はないといわれている。しかし，建築物に関しては，「既存不適格」という現行法に適合しない状態が法的に認められているという問題があり，瑕疵の

判断基準を一律に事故発生時とすることは妥当でない。

建築物の工作物責任については、「設置」については建築時（工事時）の基準、「保存」については現行法・現在の技術基準を適用することの当否を含めて、事故時の基準から判断する必要があると思われる。

● 設置の瑕疵の判断

建築物の「設置」の瑕疵に関しては、「設置」した時点、すなわち建築時（工事時）の法令・技術基準等が瑕疵の判断基準となる。設置に際し、後に改正される高い基準を満たすことを、法的に期待できないからである。

例えば、建築物の耐震性（構造耐力上の安全性）に関しては、瑕疵判断の重要な物差しとなる耐震基準が、建築時期（厳密には、工事着工時期が1981（昭和56）年5月31日以前か否か）によって新耐震基準と旧耐震基準とで異なることになる。建築当時の基準に適合している既存不適格建築物であれば、新耐震基準を満たしていないとしても、設置における瑕疵を認めることは難しい。

そうすると、既存不適格建築物が現行法（新耐震基準）に劣るという点は、残る「保存」の瑕疵として評価すべきか否かの問題となる。

● 保存の瑕疵の判断基準

冒頭で述べたとおり、不法行為の一類型である工作物責任の瑕疵は、社会通念に基づく「通常」の水準を基準とする。では、「保存」によって維持し、場合によっては性能を向上すべき「通常」の水準とは、どのようなものか。

法改正は各時代における社会の要請であり、現行法こそが今現在における通常備えているべき安全性であるという考え方もあるだろう。

しかし、建築基準法に関しては、現行法に適合しない既存不適格建築物の存続が認められており、現行法への適合は法的義務ではない。そして、実際に多数の既存不適格建築物が存在し、相応の対価で売買や賃貸借等の取引が行われているという実状を考えると、規制法令上も通常の取引においても許容されている既存不適格建築物こそが、社会通念に基づく「通常」の水準（の下限）であると考えられる。そして、その枠内に収まっているのであれば、保存の瑕疵があるとはいい難い。

裁判所も、建築物や塀・擁壁などの工作物については、原則として、建築・築造当時の基準に照らして瑕疵を判断している。兵庫県南部地震時の建築物の倒壊より土地工作物責任を認めた裁判例をみると、賃貸マンションに関する神戸地裁

平成11年9月20日判決は，建築物が建築当時の基準における最低限の耐震性すら有していなかったことを理由としている。また，宿泊施設に関する神戸地裁平成10年6月16日判決は，不適切な増築を行ったことによって構造的な危険が生じていたことを理由としている。

したがって，既存不適格建築物については，現行法(現行水準)を基準として，土地工作物責任(及び不法行為責任)を問われるものではないと解される。

なお，違反建築物については，既存不適格建築物とは区別される。すなわち，建築後の不適切な増改築工事によって構造，防火・避難上の安全性が損なわれている場合(前掲裁判例)，適切な維持管理を怠ったことによって，部材の劣化が進み，強度が著しく低下するなど，安全を損なう状態に至っていた場合(建築基準法第10条，劣化等による「保安上危険な建築物」に対する措置命令等を受け得るような場合)は，違反建築物であって，既存不適格建築物には当たらないため，個別具体的な判断によって保存の瑕疵が認められる可能性があると考える。

● 所有者・占有者の管理責任

以上のように，既存不適格建築物に関しては，現状では工作物責任を問われず，所有者や占有者の管理責任として，例えば現行法レベルでの安全性の向上を義務づけることは難しい。もっとも，現実的な問題の多くは，用途変更や改修を行っている場合に生じている。防火・避難に関しては，確認の要否はともかく，用途変更後，改修後の用途，使い方に応じて適法であることが求められるのであって，その点の不備があれば，工作物責任が問われ得ると思われる(もはや「既存不適格建築物」の問題ではない)。

既存不適格建築物の安全性の向上については，売買や賃貸借によって課せられる契約責任(契約で約した安全性を確保する義務)や市場原理(安全な建物は高値で売れる，貸せる)，さまざまな制度を通じて，所有者の動機づけを図ることも重要となる。耐震改修促進法による診断の義務化・結果の公表，診断・補強費用の助成・税制優遇等もその一つである。最近では，既存住宅状況調査による中古住宅の性能の可視化も始まっている。

《参考文献》
神戸地裁平成11年9月20日判決，判時，1716号，p.105
神戸地裁平成10年6月16日判決，判タ，1009号，p.207

Q42 改修等で事故等が起こった場合の責任は，設計・施工者の態様によって変わるのか

改修等で事故等が起こった場合の責任（工作物責任）は，所有者・管理者にあるとされている。被害者からの求償に応ずる責任は免れない。それでは，その先の所有者・管理者から実際に改修等を行った者に対する求償はどのようになるのか。また改修等を行った者の性質でそれは変わるのかどうかを考察する。

A42

● 法的責任の適用関係

改修等では，対象箇所となる主要構造部の過半を超えない限り建築確認が必要とされない。したがって，建築確認の対象とならない改修では行政法である建築基準法での手続き上の責任は問えないが，改修の結果，建築物が違法状態になったとすると，行政法の観点からは所有者・管理者に対してその是正が求められることになる。人身事故の場合は，所有者・管理者には刑法の業務上過失致死傷罪の適用が視野に入ってくる。一方，改修等に起因する事故等で被害が生じた場合，民法では，被害者から所有者・管理者に対して不法行為責任が求められる。この場合，民法第717条の工作物責任に基づく責任追及となる。これによれば，所有者・管理者（占有者）が一義的に賠償責任を負う。一方，同条第3項において所有者らは，原因者に対して求償することができるとされている（**Q**$_{32}$参照）。

● 所有者から設計者への責任追及

それでは，所有者からの求償対象として改修等を行った者について考察する。このような改修工事等を行う場合，設計と施工について専門家・専門業者に行わせた場合とそうでない場合とでどのような違いが発生するのだろうか。

設計者については，建築士法が参考になる。建築士法では，

（職責）
第2条の2　建築士は，常に品位を保持し，業務に関する法令及び実務に精通して，建築物の質の向上に寄与するように，公正かつ誠実にその業務を行わなけれ

ばならない。
（設計及び工事監理）
第18条　建築士は，設計を行う場合においては，設計に係る建築物が法令又は条例の定める建築物に関する基準に適合するようにしなければならない。
（懲戒）
第10条　国土交通大臣又は都道府県知事は，その免許を受けた一級建築士又は二級建築士若しくは木造建築士が次の各号のいずれかに該当する場合においては，当該一級建築士又は二級建築士若しくは木造建築士に対し，戒告し，若しくは一年以内の期間を定めて業務の停止を命じ，又はその免許を取り消すことができる。
一　この法律若しくは建築物の建築に関する他の法律又はこれらに基づく命令若しくは条例の規定に違反したとき。
二　業務に関して不誠実な行為をしたとき。

とあって，設計業務では法令の遵守が求められ違法な業務内容については懲戒処分の対象となっている。これは，建築士の設計行為全体に当てはまるものであって，建築確認の対象であるかどうかに左右されない。したがって求償に応じる能力があるかどうかは別にしても，建築士が設計した設計図書の内容に法令違反があり，これに基づいて改修工事等が行われたのであれば，その建築士は所有者が懲戒を求め，求償する相手となりえる。

　一方，反射的に建築士ではない者が設計した場合は，設計責任を問うことができないのであろうか。不法行為責任の追及は賠償請求であるから，所有者が被害者に賠償を行う。このことで経済的被害が出たことを理由に設計者に求償することは可能で，設計者が建築士であろうとなかろうと請求できる。

　不法行為責任の基準については，最高裁判所が判決で基準を示していて，それによれば，建築物は基本的な安全性を備えていなければならず，設計者・施工者・工事監理者は基本的な安全性が欠けることがないように配慮すべき注意義務があるとし，不法行為責任の対象となり得るのは，基本的な安全性を損なう瑕疵，つまり居住者らの生命，身体または財産に対する現実的な危険性を生じさせるような瑕疵であるとされている。ただし，建築士であれば，この注意義務は先ほどみたように，建築士法によって職能上求められていることであるからその責任は免れ得ない。逆に，建築確認が必要とされないからといって，建築士でないことを知っていながら所有者がその者に設計を任せたのであれば所有者の過失も免れな

いと思われる。この場合は，不法行為責任を果たしたことで経済損失被害を受けた所有者にも過失があったとして裁判所が所有者の過失に応じて損害賠償額を減額する過失相殺（かしつそうさい）の適用で賠償額について相当額の減額が行われることとなるだろう。

● 所有者から施工者への責任追及

施工者についてはどうであろうか。建設業法は，一定規模の請負契約を継続的に行う者を建設業者として許可制度とすることによって契約履行その他の安定を確保するものであるから，必ずしもこの場合の責任の追及に直接対応するものではないと思われがちだが，建設業法は建設工事をめぐる請負契約の特則法としての位置づけも有しており，例えば，建設工事紛争審査会は建設工事の請負契約に関する紛争の解決を図るため，設置されるものであって，当事者が建設業者でなくても申請が可能であるなど書き分けがなされている。

とはいえ，請負う工事の内容と法適合性についての規定は明確ではない。請負人は，工事監理を行う建築士から工事を設計図書のとおりに実施するよう求められた場合において，これに従わない理由があるときは，直ちに，注文者に対して，その理由を報告しなければならないとする，建築士法の工事監理規定に対応する条文（第23条の2）がある程度であって行政法上の責任は見えにくい。

結局，改修等で事故等があって工作物責任を負った所有者は，改修工事等での施工に原因があるとすれば，民法の不法行為責任に戻って，民法第717条第3項の「損害の原因について他にその責任を負う者」として施工者に求償することになると思われる。その場合，工事の指図である設計図書の内容や工事監理の内容によって態様が異なってくる。設計図書があれば，その内容に問題がなかった場合は施工に問題があったことになるので求償の対象となる。設計図書に問題があった場合は，施工者は発注者にそのことを告げなければならないから，問題ある旨を告げなかったことをもって請負契約上の義務を果たしていないとして賠償請求を行う可能性も出てくる。ただこのあたりは設計図書の精度によって左右される部分も大きい。また，工事監理についても，施工者の対応は工事監理者から指摘を受けてからの対応となるので，工事監理体制の程度との関係で施工ミスの責任の重さは変わってくると思われる。

いずれにしろ，不法行為責任を果たしたことで経済損失被害を受けた所有者か

らの求償では設計者に対しても施工者に対しても所有者側が事故原因と設計・施工ミスとの因果関係を立証する挙証責任を負う。不法行為責任における工作物責任は管理者・所有者の無過失責任であるのでその違いは大きい。実際のところ，何が原因で設計ミスや施工ミスが発生したかを立証できなければ求償は難しい。

　改修等の工事が建築確認の対象となっていれば建築主事や指定確認検査機関という第三者によるチェックが行われるが，確認対象となっていない工事ではそれが行われない。したがって，所有者・管理者にとっては，それなりの責任を担える専門家の介在を前提として設計図書を作成し，それに基づく発注を行い，工事記録を入手するという形で設計図書や工事監理記録などを手元に置き，いざというときの立証が可能な体制を敷いておくことが改修等の実施に伴う工作物責任リスク軽減のためには望ましいと考えられる。

《参考文献》
日本建築学会編『建築ストック社会と建築法制度』技報堂出版，2009
大森文彦『建築家の法律学入門』彰国社，1992

Q43 瑕疵の発現と生産者責任の実態はどうなっているか

建物の瑕疵は，いつ，どのような形で発現しているか。また，それに対し生産者は，どのような法的責任に基づき，どのような対応を行っているか。

A43

● 瑕疵の発現

瑕疵には，形状違いなど一見して明らかなものもあるが（売買契約と異なり，請負契約において瑕疵は「隠れたる」ものである必要はない），多くの場合，引渡し時にわからなかったものが時間の経過により明らかになる。

瑕疵は，引渡し時にすでに原因として存在している必要があり，事後的な事情によって生じたものは瑕疵ではないが，事後的に発生したように見えるものでも，引渡し時の問題が事後的に顕在化したのであれば，瑕疵に当たる。時間の経過とともに，何らかの外見上・使用上の不具合という現象が発生し，調査の結果，法的な責任を問うべき瑕疵が判明した，というパターンが一般的である。

ところで，裁判では，瑕疵によって生じる不具合の現象（欠陥現象，瑕疵現象）と，現象の原因となっている瑕疵そのもの（欠陥原因，瑕疵原因）とを，区別して議論する。区別して分析的に検討しなければ，その現象について施工者に法的責任を負わせることが正当か否か，及びその範囲の判断ができないからである。

比較的新しい建物で，雨漏りという不具合が発生した場合，雨仕舞の不良（ディテール・材料選択の誤り，施工不良等）という瑕疵がある可能性が高いが，同時にほかの原因があり得ないわけでもない。引渡し後，別の工事が原因となっている場合もあるし，大きな地震に遭遇してシールが切れていることもある。1時間に100 mmのゲリラ豪雨と暴風に晒されれば，何ら雨仕舞の不良がなくても一時的に雨漏りする可能性もある。ほかの原因が認められない場合に，瑕疵によって雨漏りが発生しているという関係が明らかになる。また，瑕疵原因が特定できなければ，相当な補修方法も不明なままで，損害額が算定できない。

床や壁が一定程度を超えて傾斜している場合はどうか。内装の一つである床の傾斜は，それ自体も内装の瑕疵といい得るが，基礎（地盤の支持力不足）や軸組等，構造耐力上主要な部分の瑕疵の発覚の契機であることが多い。品確法に基づ

く「住宅紛争処理の参考となるべき技術的基準」(品確法平成12年建設省告示第1653号)は,床や壁の傾斜が6/1 000を超える場合「瑕疵が存する可能性が高い」としているが,これは構造耐力上主要な部分の瑕疵を推定する基準である。あくまで「推定」に過ぎないので,調査により,構造耐力上主要な部分に瑕疵はなく,単なる内装の問題であることがわかれば,内装の補修で足りる。

　以上のように,瑕疵は,目に見える不具合をきっかけとして,不具合の原因を専門家が調査し,明白なものとなるのが一般的である。

　加えて,ひとたび専門家による調査が行われると,不具合が顕在化していない事項で瑕疵が判明することが少なくない。瑕疵のパターンと生産者の弱点を熟知した,欠陥探しが得意な建築士の存在も,もはやめずらしいものではない。

　長期修繕計画に伴う大規模修繕工事や増改築など,引渡し時から相当の期間を経て調査が行われた場合,瑕疵担保期間(除斥期間)の経過が問題となり,次で後述するとおり責任追及に制約が生じる。新築住宅の場合,品確法に基づく瑕疵担保責任の特則により,構造耐力上主要な部分及び雨水の浸入を防止する部分については瑕疵担保期間10年が義務づけられるが,それ以外の瑕疵及び非住宅の場合,多くは引渡しから2年という短期となっている。

　なお,今後,中古住宅売買の際のインスペクション(既存住宅状況調査)が普及すれば,それを契機とする瑕疵の発現が増えると予想される。自宅を売ろうという段になって初めて瑕疵を知り,期待した価格で売却できなくなったとすれば,生産者の責任を問いたいと考えるのは当然であるが,多くは瑕疵担保期間の制限に突き当たると予想される。

● 瑕疵に関する生産者の責任

　建物に瑕疵がある場合,請負人は,建築主に対し,瑕疵を修補し,損害賠償を行う等の瑕疵担保責任を負う。瑕疵担保期間については,民法の定めが任意規定であるため,契約書による合意が優先し,前述のとおり2年間を原則とする契約が多い。民間連合協定の工事請負契約約款では,木造の建物については1年,RC造・S造等については2年が原則である。ただし,前述の新築住宅に関する品確法の特則は,強行規定であり,10年より短縮できない。

　瑕疵担保責任に似たものに,請負人のアフターサービスがある。アフターサービス基準に記載された不具合であれば,瑕疵の立証がなくとも補修を約するものである。瑕疵担保責任とは併存する関係にあるが,アフターサービス基準が,瑕

疵の基準となる契約上の合意を推定する場合もある。例えば，アフターサービス基準で仕上材の隙間は補修の対象外としている場合，美観上も瑕疵に当たらないという推定が可能であろう。

近年，「不法行為」に基づき生産者の責任追及を行う事例が増えている。瑕疵担保責任を根拠とする場合，前述の期間制限に加え，瑕疵担保責任を問えるのは直接の契約の相手方に限られ，建築主（デベロッパー）から建物を譲り受けた買主（エンドユーザー）は施工者や設計者に対して責任を問えないという不都合があるからである。

特に，分譲マンションにおいて，タイルの著しい剥離などの重大な問題が顕在化するのは相当期間が経過した後であり，かつ，大規模修繕のための調査は引渡し後10年を経過して行われることが多いため，瑕疵担保期間の経過により不法行為を選択せざるを得ない実状がある。

不法行為の対象となる瑕疵については，最高裁が，2007（平成19）年と2011（平成23）年の判決にて「建物としての基本的な安全性」という一つの基準を示し，「居住者等の生命，身体又は財産を危険にさらすような瑕疵をいい，建物の瑕疵が，居住者等の生命，身体又は財産に対する現実的な危険をもたらしている場合に限らず，当該瑕疵の性質に鑑み，これを放置するといずれは居住者等の生命，身体又は財産に対する危険が現実化することになる場合」を含むものと判示している。この具体的中身については，下級審レベルで激しく争われている状況であるが，瑕疵担保責任の瑕疵（契約不適合）よりも限定されたものであることは明らかである。

とはいえ，建築生産者側としては，引渡しから20年の長期にわたり責任追及がなされる可能性があるという点で，最高裁判決の影響は重大であり，生産システムや引渡し後の顧客管理にも対応が必要となっている。例えば，施工状況の記録や保管の問題がある。不法行為の証明責任は，責任を主張する側が負うが，専門家であることや情報の偏在を理由に，生産者側が資料の提出が求められる場合が多い。建築士法や建設業法の保管義務に関わらず，20年に至るまで，瑕疵や過失がないことの立証材料を保管しておくことが必要となってきている。

《参考文献》
最高裁平成19年7月6日判決，民集，61巻5号，p.1769
最高裁平成23年7月21日判決，裁判集民，237号，p.293

Q44 実際に事故等で建築物の所有者または管理者の責任が問われたケースはあったのか, その場合はどの程度の責任が問われたのか

　適法に設計と建築確認がされかつ施行後, 完了検査を受けた建築物で, 建築物が使用を開始後, 建築物内で在館者または外部からの建物への利用者が事故等にあって損害を被り, その原因が建築物の空間の在り様や建築設備等によるものであった場合, 建築物の管理者らの責任は問われるのであろうか。その場合どの程度の責任が問われたのか具体的なケースで検証してみることにする。ケースとしては2004（平成16）年に発生した六本木の回転ドアの事故を取り上げる。

A44

● 事故の概要

【事故の経緯等】
　2004（平成16）年3月26日午前11時ごろ, 大阪府から母親と来訪していた6歳の男児が, タワー正面入口にある自動式の大型回転ドアで, 閉まりかけているドアに駆け込んだことでドアと枠の間に上半身が挟まれるという事故が発生。即に救出はされたが, まもなく死亡（圧死）した。

【設計・工事監理, 回転ドア製造施行者】
① 建築物の設計・工事監理：森ビル㈱, ㈱入江・三宅設計事務所等
② ドアの施工：三和タジマ㈱（三和シャッターの子会社）

【自動回転ドアの概要等】
　直径4.8 m, 回転ドアとしてのほか, 通常の自動ドア（スライド式）としての使用も可能であった。六本木ヒルズ内に同様の機種は8台設置されていた。

【危険防止機能】
　挟まれ防止機能として, 光電センサー, 接触式センサーの2種類が装置されていた。
　その他の安全機能として, 追突防止機能, かかと巻き込み防止機能, 音声による注意喚起機能等があった。

【この事故以前の事故等】
　六本木ヒルズ内の回転ドア（手動を含む。）における挟まれや衝突事故はこの事

故以前にも合計32件発生（うち救急搬送が10件）していた。2003（平成15）年12月には回転ドアで同様に6歳児が体を挟まれる事故があった。

● **裁判での事故原因に関する論点と判決の概要**

ドアに備え付けられている赤外線センサーが感知して急制動する仕組みが本来備わっていたが、ドアの効率を上げるために森ビル側が頻発する急制動を抑制させようと、検知範囲を狭めさせ、ドアの回転速度を速めるように、製造メーカーの三和タジマに要請し、それに応じていたことが事故後に明らかとなった。また風圧への対策からアルミ骨格を鉄骨に変え、見栄をよくするため表面にステンレスを貼り付けていたことから、本来1トンであった回転部が3倍近い2.7トンに増加しており、回転速度を上げていた影響も相まって急制動が作動してから完全停止まで慣性で25cmも動くようになっていたことがわかった。

東京地裁における一審の過失の認定についての注目すべき論点として以下のような点があり、判決は一審で確定している。

1点目は、重大な結果を回避するチャンスが何度かあったのに生かされていないことを重くみたことである。2001（平成13）年ころ、株式会社三越恵比寿店において、三和タジマ製の自動回転ドアで挟まれ事故が続発し、同年4月27日にも戸先と固定方立の間に子供の足が挟まれる事故が起きていた。関係者の協議の結果、同年5月ころ、戸先のゴム製緩衝材が柔軟な材質のものに取り替えられ、また、同年10月には飛び込み防止用パネルとゴム製緩衝材を新たに設置したところ、挟まれ事故がなくなったと認識されていて、上記の三越恵比寿店での改善策が、非常に効果的だったことが明らかになっている。

ところが、六本木ヒルズでは次々と回転扉による挟まれ事故が発生し、2003（平成15）年12月7日には、6歳の児童が回転ドアに約4分間にわたって挟まれ、頭部挫創等の傷害を負う、という事故が発生した。にもかかわらず、その後も改善策が講じられることがなかった。

同年同月9日、森ビルの建物管理者と三和タジマ回転扉プロジェクト担当者とで安全確保のための協議がなされ三和タジマ側から、三越恵比寿店の自動回転ドアに設置された飛び込み防止パネルとゴム製緩衝材を撮影した写真などを見せ、そこでは警備員も配置されていると説明した。これに対し、森ビル側は、このパネルは見栄えが悪いなどとして、別の防止策の図面を作成するよう求められ、森ビル側が「見栄え」を理由に飛び込み防止パネルを採用しなかった経

緯がある。2004（平成16）年に入っても，同年2月19日ころ，三和タジマ側から，別の進入防止柵の図面を作成し，ゴムメーカーに緩衝材の製造を依頼したものの，メーカーの見積もりと森ビル側の予算の折り合いが付かなかったことなどから，その完成には至らなかった。対策が講じられないまま，遂に，本件事故の発生に至ってしまったことが明らかになった。

2点目は，過失に関する裁判所の判断の軽重についてである。

東京地裁は，起訴された被告人（Aはメーカー，B，Cは森ビル）のいずれについても業務上の過失を認定したうえで，「量刑の理由」で，被告人3名の刑事責任の軽重について異なった判断をしていることである。自動回転ドアの危険性について十分な説明を受けていなかったこともあって，安全対策への配慮を欠くに至った森ビル側のB，Cの過失に比べ，自動回転ドアを開発し，その危険性を容易に認識できた三和タジマの責任者であった被告人Aが十分な安全対策を講じないままに森タワーに設置して運転させ続けた過失のほうが大きく，その刑事責任も重いとしていることである。

死亡事故は刑事訴訟で森ビル側の管理過失及び三和タジマの製品製作上の過失が認定された。裁判は，東京地方裁判所において，2005（平成17）年6月24日に初公判が開かれ，同年9月30日，起訴された3名に有罪判決が下された。量刑は，三和タジマの元取締役Aが禁固1年2か月，森ビル側のB，C2名が禁固10か月，それぞれ執行猶予3年となった。3被告とも控訴しなかったため，同判決にて確定した。

民事訴訟では森ビル側が遺族に賠償金約7000万円を支払うことで示談が成立した。

● 建築物管理者の法的責任範囲についての考察

刑事判決では，被告人が事故情報に接していたにもかかわらず，本件回転ドアの危険防止のための措置が不十分なことを認識し，そのままの状態で使用していれば事故が起きることを予見できたとする。判決は，被告人の子供の死亡という結果発生に対する予見可能性や結果回避可能性があったことを詳細に認定しているところが特徴的である。

また被告人の注意義務を基礎づけるものとして，本件回転ドアの管理義務の有無が問題となるが，いくつかの事情に鑑みれば，被告人に直接的な管理義務があり，安全性確保のための実質的な統括をしていたにもかかわらず対策を講じてい

なかったとしている。

　森ビル自らが管理する建物において，次々と同種事故が発生していながら（2001（平成13）年3月から本件事故までの間に，森タワーで同種事故が13件発生し，うち7件は8歳以下の児童が被害者となっていたと判決では認定されている），見栄えだの，予算だのと言いつつ，抜本的な対策を講じなかった森ビル側の過失も大きく（三和タジマ側が，三越恵比寿店の対応例を踏まえ具体的な提案を行っていることにも注目すべき点である），過失は建築物の管理責任を有するビル管理者がメーカーと同等か，むしろ，ビル管理者のほうが幾分か重いのではないかという印象を持たざるを得ない。メーカーは製造者として業務上必要な注意の範囲として専門家の責任を有しているが，建築物管理者は善良な管理者としての注意義務の範囲で建築物の専門家ではないとの考え方が刑事責任の軽重差になったのではないかと推察されないだろうか。

　本件は起訴された個人の刑事事件に関する判断である。法人単位での責任が問題となる民事訴訟においては，少なくとも形式上は森ビル側が賠償金を支払い，所有者責任を果たす形となっている。

《参考文献》
事故調査報告書等と刑事判決等との比較，みずほ情報総研株式会社，平成22年度
業務上過失致死被告事件，東京地裁平成17年9月3日判決，有罪・確定，判例時報，1921号
「六本木回転ドア事故」『失敗年鑑2004』失敗学会，2007

Q45 維持管理時点での建築規制違反の発生プロセスとその防止策はどうなっているのか

建築生産過程における適法性の確保については，ほぼすべての建築物について建築確認，検査を通じて講じられている。一方，維持管理時点においても老朽化や不適切な維持管理の結果により適法性が揺らぐ場合が存在する。そのような場合に対して，建築行政がどう対処しているのかを概説する。

A45

● 維持管理時点における適法性の揺らぎの発生

建築生産過程において確認や検査といった何段階かの検証を経て最終的に使用が開始された建築物については，その時点では適法性が確保されている。しかしながら，維持管理が進むにつれて適法性が脅かされる事態が発生する可能性がある。もちろん，検証時点ではわからなかった，あるいは見過ごされた瑕疵が，時期を経て顕在化することによって違法状態が発見される場合もあるが，これは生産過程時の瑕疵担保責任問題なのでここでは触れない。

維持管理が進むにつれて発生する事案としては，建築物の老朽化，自然災害や事故等による破損，建築物の使い方が変化することによる修繕・模様替え・増改築の発生，用途の変更などが考えられる。このうち大規模な修繕・模様替えと一定規模以上の増改築及び一定の用途変更においては建築確認・検査を受けなければならないとされているので，その時点で再度第三者による適法性の検証を経ることになる。逆に，これらに該当しない場合は，第三者による適法性の検証は行われていない。

老朽化に伴って，建築物を構成する材料・設備が所定の性能を発揮し得なくなる場合がある。例えば，鉄は建築材料としてよく用いられるが，防錆処理を怠れば錆によって強度が劣化する。また，鉄筋コンクリートは，長い年月を経るとセメントが二酸化炭素と結合して中性化することで鉄筋の錆を発生させ，強度が劣化する。規制で求められている性能を満たすことができなくなればその時点で違反状態となる。破損は，それを修復するときに規制に抵触するような誤った方法で修復すれば，それ以降は違反状態となる。例えば，防火材料が破損したあとに防火性能のない材料で補修したような場合である。修繕・模様替え，増改築にお

いても，不適切な行為が行われて違反状態になる場合が考えられる。また，日常の維持管理において不適切な行為により人為的に違反状態になることも考えられる。例えば，防火設備が作動しないようにスイッチを切ったり，動かないように細工を施したりするような場合である。

● **維持管理時点における違反状態の覚知**

維持管理時点では，設備が作動しないように所有者・管理者自らが意図的にスイッチを切ったり，動かないように細工を施したりするのでなければ違法状態を覚知することは難しい。所有者・管理者には建築物に関する知識も法規制に関する知識も乏しいから経年による変化，使用に伴う変化で違法状態に陥ることは覚知しにくい。建築物の状態をみても適法であるかどうかの判断が難しい。特に劣化の状況などは，技術的な判断が必要であり，どの程度の劣化で違反状態になるのかについて判断することは困難であろう。

また，所有者・管理者が必要に応じて行う修繕・模様替・増改築においても，その結果によっては違法状態が出現することついても認識しにくい。発注者である所有者・管理者にとっては，施工者も法適合性を理解した専門家に見えてしまったり，工事規模が大きくないことで設計施工一体の発注になったりしがちになると考えられる。だが，もともと施工者には，法的には法適合性に関する知識は必要とされないので，適法性が確保された発注内容かどうかは施工者には判断できない可能性がある。法遵守の意識をもって建築物と法規制の両面に詳しい建築士が設計に関与しているかどうかを確認して工事を発注しない限り，適法性が揺らぐ可能性が出てくる。したがって，所有者・管理者が，建築物は経年的にあるいは手を入れるたびに適法性が揺らぐ可能性があることを十分認識するに至るプロセスは閉ざされがちになるのが実態だとみることができる。

ただし，増築といった形態の変更を伴うものは，外部の目にも触れやすい。このため集団規定との抵触関係については外部から指摘され覚知されやすい。

一方で，建築ストックの活用が大いに叫ばれているが，それは建築物に維持管理を行う過程で必要な手入れを施すことのみならず建築物を取り巻く社会経済的な変化に応じて柔軟かつ臨機応変に建築物を改変していくことができなければ実現できない。そして，必要な手入れや改変を行っても建築物が所定の安全性等を確保していることが重要となる。安全性が担保できない形でストックが活用されるということは，結果的に市場や社会でのストックの活用を妨げることになる。

したがって，建築ストックの活用には，建築規制が要求する安全性の担保についての実効性を確保する何らかの措置が必要となってくる。

● **維持管理時点での適法性の確保のための措置**

建築基準法や消防法では，定期的な調査や検査を所有者・管理者が実施することで適法性の確保を促す制度が置かれている。建築基準法では，特殊建築物と呼ばれる不特定多数の者や社会的弱者が利用する建築物，宿泊機能のある建築物などで一定の規模以上の建築物に限定してではあるが，建築物，建築設備，昇降機，防火設備について，一定の資格者による定期調査，定期検査を実施し，その結果を特定行政庁に報告する定期調査・検査報告制度がある。また，消防法でも消防設備の定期点検の制度が実施されている。

ただ，昇降機のように大手生産者による生産と保守点検業務の寡占化が進んでいて9割以上の検査報告率がある場合を除くと報告率は6割程度と低い状態にある。また，業態別でも特に旅館ホテルなどの宿泊施設での報告率が低い。さらに，制度的には，検査を受けその結果を記載した内容で報告を行うことが義務づけられており，適法となるような措置を行うことを所有者・管理者に義務づける内容となっていない。極端を言えば，「違法状態にある」旨の検査・調査報告書を提出しても認められる。この場合は，特定行政庁が報告書を受理したのち，その内容に沿って，建築基準法第12条第5項に基づいた報告徴収を行わなければ違反是正の手続きは動き出さない。ボールは特定行政庁に渡ったままである。

人材が不足する特定行政庁において，検査・調査報告書を出すように指導するのが先か，「違法状態にある」旨の検査・調査報告書への対処が先か，と考えると適正に制度を運営できているかどうかはやや疑問がある。消防法でも，類似の制度として防火対象物点検報告や消防設備点検報告制度が設けられているが，その実施率は5，6割程度でこちらも実施率の向上が課題である。

● **建築物の改変に伴う適法性の確保のための措置**

一方，大がかりな改変については既存不適格制度不適用の引き金が引かれるため，適法性の確保のための投資額が過重になるとかえって投資自体が抑制され，ストック活用が進まないという問題がある（Q_{11}参照）。これについては，① 耐震性のように構造躯体に直接関係する部分については，既存不適格制度と切り離して扱い，ほかの規制は不遡及とする，② 建築物全体の改修計画をもとに，工

事に該当する部分だけの法適合を求める,といった対応が行われているが,このほか,③ 工事の額に見合って,法適合を求める範囲を柔軟に適用する,④ 耐震診断のように,既存建築物の安全性評価について一定の仮定に基づく簡便な診断基準を開発し,その状況に基づいて遡及を求める範囲を判断する,などの方法論が考えられている。

いずれにしろ,建築ストック活用のための法適用の議論はまだまだ始まったばかりであり,種々の検討が今後求められるが,我が国の経済活力の動向を考えると早晩建て替えを軸とした対応は困難になると思われ,安全性の水準を見極めたうえで建築ストックに関する法制度の整備がさらに必要になってくると思われる。

Q46 維持管理時点における建築規制違反の覚知と是正手続での課題とは

建築の維持管理の段階で適法性が担保されなくなった場合は，一定の手続で是正措置が取られることになっている。建築ストックが増え，建築物の生産方法や建築物に対する見方も多様になると違法状態の発生と覚知に至る状況にはさまざまなケースが出現しているが，それに対して現在の建築基準法の違反是正手続による適法性の担保措置は適切に対処し得ているのだろうか。

A46

● 建築基準法第12条第5項に基づく是正手続

建築物が完成し運用されている時点で，適法性が失われた状態が明らかとなった場合は，特定行政庁が是正に乗り出すことになる。このとき，必要な審査のために特定行政庁等（特定行政庁，建築主事または建築監視員）に与えられた権限が建築基準法第12条第5項に基づく調査報告の徴収権である。特定行政庁等は，建築物の敷地，構造，建築設備もしくは用途，建築材料もしくは建築設備その他の建築物の部分の受取もしくは引渡しの状況，建築物に関する工事の計画もしくは施工の状況または建築物の敷地，構造もしくは建築設備に関する調査の状況に関する報告を求めることができるとされ，幅広い報告徴収権が与えられている。違反が重大な場合は，使用禁止命令や是正命令が行われる。使用禁止となると所有者・管理者にとっては痛手であるし，是正命令となると従わない場合は，最後には建築行政の「伝家の宝刀」といわれる行政代執行を受けることになる。

所有者・管理者からの違反の状況の報告では，通常は，その是正計画についての報告も求められる。特定行政庁は，その是正計画を承認するとともに是正工事実施の報告を徴収することにより適法性の担保措置が取られたことを確認することになる。ただ，この手続きは必ずしも検査済証のように適法性を明示的に示すものではない。国土交通省の技術的助言を踏まえると所有者・管理者に対して「違反是正計画に基づく改修工事が完了し，建築基準法令に適合することを確認しましたので通知します」といった通知を行うことも考えられるが，違反状態となったことに一義的な責任がある所有者らに対して是正指導を行った結果の証明であって，検査済証と同じような法令に適合した状態にあることを証明するもので

あるとは言えない。

● **適法性の破たんが覚知されるさまざまな場合**

　実際は，適法性が担保されなくなったことが判明するケースによってかなり所有者らや市場などの受け止め方が異なってくる。事故が発生して初めて，あるいは発生のおそれが利用者や周辺の者に指摘されて適法性の破たんが明らかになる場合は，警察や消防の出動もあって，いわば世間を騒がすような場合である。是正に向けて建築行政の主務者である特定行政庁が乗り出し，第12条第5項による報告徴収と違反の認定，是正計画の提出，工事の完了確認を行うことで一件落着となる。現行の違反是正の手続きが最もふさわしい場合でもある。

　一方，近年は資材や設備の欠陥が明らかになることで個々の建築物が影響を受ける場合も見受けられるようになってきた。社会全体に法令遵守が求められてきた結果，建築物の設計や施工に直接起因しない違反である材料や設備の大臣認定違反，工業・農業規格違反に起因した違反行為が明らかになり，その結果そのような資材・設備が装着されている建築物自体が違反とされるような状況も生じている。例えば，近年では2009（平成21）年に実際の製品より性能を高めた試験体を持ち込んで大臣認定を取得した防火用樹脂サッシの耐火性能偽装問題。あるいは2015（平成27）年3月に発覚した，使われるゴムの品質について工場でデータを偽装し，これに基づいて免振装置の大臣認定が取得され，その装置が全国各地の免振構造物に用いられた事案がある。

　このような場合，建築行政のネットワークを通じて事件情報，該当のおそれがある建築物の情報などが特定行政庁にもたらされ所有者らに通知される。所有者らにとっては寝耳に水の事態で，是正のための手間と費用を考えると被害者としての側面が強いが，対外的には建築物自体が違反建築物とされ所有者らは是正の責任者となり，設計・施工者は対応に追われることになる。建築物は設備や資機材の集合体であるので部分の問題は全体で受け止めなくてはいけないが，第12条第5項だけに依拠した処理では，是正主体として所有者らが前面に出た形で記録が残るため不動産市場からみた価値という点で誤解を生みやすいとの不満が所有者らや設計・施工者の間で散見される。

　また，定期調査・検査報告制度は，対象建築物が用途や規模で限られるとはいえ日常の維持管理において違反を発見し是正することを促すことで適法性の確保のために機能している制度であるが，報告が必ずしも行政行為と連動していない

点や所有者らによる是正のプロセスが明確でない点に課題が残っている。制度的には，「伝家の宝刀」である命令権をちらつかせることで，検査調査者から問題があると指摘されたら，特定行政庁への報告を行う前に行政の介入を嫌う所有者らが自発的に是正行動をすることを期待するという極めて日本的なやり方に依拠している。だが，つぶさにみると，報告率が低いままに推移しており，報告せずともおとがめなしといったような状況では，適法性の担保措置として十全であるとは言えない。適法性の担保が十全であるには，全数ではないにしても特定行政庁による現場での報告内容の適否の確認，無報告者に対する報告徴収権の発動などが行われる必要があるが，特定行政庁の人的資源の不足から行政能力が追い付いていないのが現状である。

　また，自発的な是正が期待されているが，是正行為のための工事等は誰の手により設計され，施工され，誰の目で見て，どういう手続きで是正の適切さが担保されるのか，あいまいなところがある（Q_{42}参照）。実は，検査・調査者は，建築物の実態を見て違法状態だと判断できるだけの見識しか求められていない。違法状態だと指摘すると，所有者らが是正して，その結果をみて適法だと報告するというわけであるが，簡単な是正ならともかく工事を伴うようになると検査・調査者には是正計画の適切さ，つまり是正工事の内容にまで立ち入って判断できる権能が与えられているわけではない。所有者らによる是正の手続きが不明確ですっきりしない。

● 建築基準法第12条第5項型の是正手続きとは異なる適法性の評価制度の必要性

　今日，既存建築物の投資流通が盛んに行われるようになり，建築物の財としての健全性を証明する文書として検査済証の持つ意味がますます重要になってきている。検査済証が不動産である建築物のいわば出生証明書のように扱われてきている。つい20年ほど前までの完了検査率が半分以下で建築確認さえあればあとは現場でどうにでもなるような時代からみると隔世の感がある。また，不動産の取引や評価では運用開始から一定の時を経るとデューデリジェンスとよばれる法遵守状況も含む建築物の健全性のチェックが必須となってきている。さらに2018（平成30）年4月からは宅地建物取引業法の改正で既存建築物の売買において建物状況調査（インスペクション）のあっせん等の義務づけが始まった。こういった流れを反映して，建築生産の過程のみならず運用の段階でも適法性を証

明する手続きが求められるようになってきている。

　本来は，自らが維持管理で常時適法な状態にするために，計画的に点検をし，問題が生じた場合は，資格者が介在して是正の計画，設計，施工，工事監理を行い，その記録が常時保持されるような仕組みが所有者らによる維持保全を規定した建築基準法第 8 条の延長線上に構想されるようなことが望まれる。そのような保持記録と定期調査・検査報告制度での扱いや市場の評価などが連動することで，建築物の運用時の適法性担保措置が継続するような制度設計を行っていくことがストック社会での課題として浮かび上がっている。また，そのためには安価で効率の良い検査技術などの開発や維持修繕技術の開発などまだまだ挑戦すべき分野が広がっている。

《参考文献》
「構造計算書偽装物件にかかる違反是正等について（技術的助言）」国住指第 2930 号，平成 18 年 2 月 15 日
「既存建築物にかかる違反是正作業マニュアルについて（技術的助言）」国住指第 163 号，平成 14 年 4 月 11 日

こぼれ話

 **工事監理をめぐる現実**

　建築基準法では建築物が基準に合致することを求めており，建築確認は設計図書で事前審査して着工を認めることになっている。設計図書どおりに建築物が作られていることを確認する業務は工事監理とされ，中間検査や完了検査では確認時の設計図書や工事監理状況を踏まえて基準と建築物の適合性を検査することになっている。このように基準との適合性確認について工事監理の占める役割は大きい。建築士法立法当初から建築基準法の執行上も極めて重要な役割を占める工事監理業務の確立は課題とされたが今日まで取り残されてきた感がある。

　建築基準法第5条の6によれば，工事監理者の設置が建築主に義務づけられており，工事にあたって基準との適合性を見ることが監理業務として想定されている。したがって，工事現場に立ち入らず施工者の提出する資料だけで行う適合性の確認もできないような工事監理契約は無効ではないかとの議論がある。また，基準法上の適合性に問題が起こった場合，監理業務において当該箇所を見ていなかったことがその原因とされれば不法行為の責任（この場合は見ていないので不作為による責任）が追求されることも考えられる。これについては2003（平成15）年11月14日に最高裁判決が出された。それまで工事監理を適切に行わなかった建築士に対する不法行為責任については，工事監理契約の有無，工事監理報酬の支払い内容などの実態に即して判断が分かれていたが，この最高裁判決では建築士が建築士法及び建築基準法の各規定等による規制の実効性を失わせる行為をした場合についての判断を行い，建築確認申請書に工事監理を行わないのに名義を記載した一級建築士が，その後，建築主に工事監理者の変更の届出をさせるなどの適切な措置を執らずに放置した行為については，当該建築主から瑕疵のある建物を購入した者に対する不法行為にあたるとした。このように，工事監理に対する重要性が司法の判断で広く認められ，これを受けて建築士法の適切な執行を図るという観点から工事監理業務のガイドラインが策定されているが，業務委託契約などで実効性を確保するようになってきているのかどうか実態究明が求められる。

おわりに

　建築生産活動やその後の管理において，建築生産関係者が心配するのは何らかのトラブルの発生である。建築物はさまざまな関係者の協働によって作られ運営されていくが，その間に紛争，事件，事故などが発生すると，関係者はおのずと巻き込まれていく。そうなると好むと好まざるとにかかわらず法的な視点が求められてくる。建築生産や管理における法的な視点の基本的なものについて問立てをし，それに答える形で考察したものが本書であるが，問立ては全体を網羅的かつ系統的にとらえたというよりはむしろ，現実に出現するトラブルを踏まえて基本的な考え方や判例などでの解釈をピンポイントで押さえるようなかたちで行っている。

　各考察は，それぞれ執筆者が異なることから，引用条文など考察の内容に重複したものがあることはご容赦願いたい。また，委員会では執筆者の原稿に対して，「あるべき論」ではなく現況を出来るだけ偏りなく解説することを方針として修正意見を加え，それらを取り入れた形で整理している。したがって，法制度をめぐっていろいろな考え方のあるものについては，できるだけ両論を紹介するよう心がけた。また，執筆者が建築界での一般的な状況や意見として見聞きしたことをもとに記述している点もあるが，当然ながら側聞の域を出ていないものも多い。表現には配慮しているつもりであるが，客観的な裏付けに欠けるのではないか，との批判は甘んじて受け今後の実態究明に期待したい。

　なお，現行の法制度の骨格を形作る要素についての今後の議論の方向について，雑駁ではあるがまとめると，①行政法の基盤となっている法適合性判断が羈束行為とされていることを踏まえたうえでの基準（特に技術的基準）の有り方や作られ方に関するもの，②資格制度も含めた法制度と生産活動との関係（技術等の変動に応じた設計・監理・施工活動を行政・資格制度や契約などで法的に支える仕組みの有り方など）に関するもの，③建築ストック対応，④司法的判断と行政のダイナミズムのあり方に関するもの，などが考えられる。このように，今後とも法制度と建築生産や管理の実態との関係のなかで検討すべき課題は多い。生産過程に参画する関係者が共通に持つべき法知識のプラットフォーム的なものは

まだまだ実現に至っていないのが実情であり，本書の試みなどを端緒として法建築学といったものが構築されていくことを期待したい。

建築生産関係者と法規範を巡る論点に関する基礎的研究小委員会

索　引

【あ行】

- 逸失利益 ………………………………… 119
- 委任契約 …………………………… 64, 103
- 請負契約 …………………………… 64, 102
- ADR ……………………………………… 126

【か行】

- 確認検査機関 ……………………………… 33
- 瑕疵 ……………………………………… 159
- 瑕疵担保期間 …………………………… 160
- 瑕疵担保責任 …………… 106, 108, 109, 160
- 過失相殺 …………………………… 136, 157
- 監理 ………………………………… 93, 94
- 管理責任 ………………………………… 146
- 完了検査 ………………………………… 73
- 機関委任事務 …………………………… 33
- 技術的助言 ……………………………… 22
- 規制の事前評価 ………………………… 26
- 羈束行為 ………………………… 28, 31, 71
- 既存不適格 ………………………… 40, 41, 42
- 既存不適格建築物 ………………… 80, 152
- 行政指導 ………………………………… 136
- 行政処分 ………………………………… 135
- 行政責任 …………………………… 99, 100, 101
- 業務上過失致死傷罪 …………………… 148
- 業務独占 …………………………… 59, 72
- 挙証責任 ………………………………… 158
- 刑事責任 …………………………… 99, 100, 101
- 刑事罰 …………………………………… 136
- 契約責任 ………………………………… 129
- 検査済証 ………………………………… 79
- 検査済証の取消請求 …………………… 79
- 建設工事紛争審査会 …………………… 126
- 建築確認 ……………… 18, 37, 52, 70, 76, 141
- 建築基準関係規定 ……………………… 37
- 建築基準法適合状況調査 ……………… 80
- 建築主事 ………………………………… 32
- 建築主責任 ……………………………… 135
- 公共の福祉 ……………………………… 2
- 工事監理 …………………………… 67, 174
- 構造計算書偽装事件 …………………… 140
- 構造設計 ………………………………… 58
- コミュニケーションモデル …………… 60

【さ行】

- 裁判外紛争解決手続 …………………… 126
- 指図 ……………………………………… 136
- 時効 ……………………………………… 123
- 自治事務 ………………………………… 34
- 実体規定 ……………………………… 10, 36, 37
- 指定確認検査機関 ……………………… 72
- 住宅紛争処理の参考となるべき技術的基準
  ………………………………………… 160
- 住宅紛争審査会 ………………………… 126
- 集団規定 ………………………………… 7
- 準委任契約 ……………………………… 103
- 仕様規定 ………………………………… 28
- 所有者の土地工作物責任 ……………… 149
- 性能規定 ………………………………… 28
- 施工図 ……………………………… 92, 94
- 設計 ……………………………………… 57
- 設計監理 ………………………………… 68
- 設計図書 ……………… 57, 62, 67, 88, 89, 90, 95
- 設計変更 …………………………… 95, 96, 97

177

設置・保存の瑕疵‥‥‥‥‥‥‥‥‥149, 152
善管注意義務
　　（⇒善良な管理者としての注意義務）
　　‥‥‥‥‥‥‥‥‥‥‥‥‥‥‥‥103
占有者の土地工作物責任‥‥‥‥‥‥‥150
善良な管理者としての注意義務
　　（⇒善管注意義務）‥‥‥‥‥‥‥165
遡及適用‥‥‥‥‥‥‥‥‥‥‥‥‥‥40
訴訟‥‥‥‥‥‥‥‥‥‥‥‥‥‥‥‥126

【た行】

建物状況調査‥‥‥‥‥‥‥‥‥‥‥‥172
単体規定‥‥‥‥‥‥‥‥‥‥‥‥‥‥‥6
中間検査‥‥‥‥‥‥‥‥‥‥‥‥‥‥74
調停‥‥‥‥‥‥‥‥‥‥‥‥‥‥‥‥126
定期調査・検査報告制度‥‥‥‥‥‥‥168
手続規定‥‥‥‥‥‥‥‥‥‥‥‥10, 38
デューデリジェンス‥‥‥‥‥‥‥‥‥172
典型契約‥‥‥‥‥‥‥‥‥‥‥‥‥‥102
特定行政庁‥‥‥‥‥‥‥‥‥‥‥‥‥32

特定工程‥‥‥‥‥‥‥‥‥‥‥‥‥‥74
土地工作物責任‥‥‥‥‥‥‥146, 149, 150

【な行】

ノルディックモデル‥‥‥‥‥‥‥‥‥‥15

【は行】

パブリックコメント‥‥‥‥‥‥‥‥‥‥26
ハムラビ法典‥‥‥‥‥‥‥‥‥‥‥‥‥11
不法行為‥‥‥‥‥‥‥‥‥‥‥‥137, 161
不法行為責任‥‥‥‥‥‥‥‥120, 130, 132
ブロック塀‥‥‥‥‥‥‥‥‥‥‥‥‥138
法定受託事務‥‥‥‥‥‥‥‥‥‥‥‥34

【ま行】

民間連合協定工事請負契約約款
　　‥‥‥‥‥‥‥‥‥‥‥‥105, 111, 125
民事責任‥‥‥‥‥‥‥‥‥‥‥‥‥‥99
民事保全法‥‥‥‥‥‥‥‥‥‥‥‥‥78

建築生産と法制度
建築主，設計・監理者，施工者のための Q&A　　　定価はカバーに表示してあります。

2018 年 8 月 20 日　1 版 1 刷発行　　　　　　　ISBN 978-4-7655-2607-4 C3052

編　者	一般社団法人日本建築学会
発行者	長　　滋　彦
発行所	技報堂出版株式会社

〒101-0051　東京都千代田区神田神保町 1-2-5
電　話　　営　業　(03)(5217)0885
日本書籍出版協会会員　　　　　　　　　編　集　(03)(5217)0881
自然科学書協会会員　　　　　　　F A X　　(03)(5217)0886
土木・建築書協会会員　　　振替口座　00140-4-10
Printed in Japan　　　　　　U R L　　http://gihodobooks.jp/

© Architectural Institute of Japan, 2018　　装丁　ジンキッズ　　印刷・製本　昭和情報プロセス
落丁・乱丁はお取り替えいたします。

JCOPY ＜出版者著作権管理機構　委託出版物＞
本書の無断複写は著作権法上での例外を除き禁じられています．複写される場合は，そのつど事前に，出版者著作権管理機構（電話：03-3513-6969，FAX：03-3513-6979，e-mail：info@jcopy.or.jp）の許諾を得てください．

書籍のコピー，スキャン，デジタル化等による複製は，
著作権法上での例外を除き禁じられています．

◆小社刊行図書のご案内◆

定価につきましては小社ホームページ (http://gihodobooks.jp/) をご確認ください．

建築ストック社会と建築法制度

日本建築学会 編
A5・304頁

【内容紹介】これからの時代は，新築の建築活動は減少し，既存の建築物を活用することが重要になってくる．こうした状況を建築ストック時代と認識し，建築ストック時代の本格化に際して，あるべき建築法制度のあり方を考える書．古くなって現在の基準に適さない建築物，既存不適格建築物の現状と問題点，現行法制度の有効性，今後求められる法制度等を中期，長期的観点から調査，研究する．

建築ストック社会と建築法制度
― 防火避難規定の課題を中心に ―

日本建築学会 編
A5・206頁

【内容紹介】建築基準法の防火避難規定を事例に取り上げて，建築ストック社会に望まれる社会制度を探求する書．建築行政関係者や研究者だけでなく，不動産業界や建築設計，施工に携わる方々も交えて，広く実情を調査・分析．社会制度が求めるべき建築ストックの活用と，安全性能の維持向上の両面を正面から議論し，理念と現実の制約を踏まえた手法を模索する．

成熟社会における開発・建築規制のあり方
― 協議調整型ルールの提案 ―

日本建築学会 編
A5・316頁

【内容紹介】目的指向型基準を定め，その基準が個々の建築行為に対して具体的に何を要求しているかを，建築計画ごとに，行政庁がステークホルダーとの協議を経て確定していく協議調整型ルールを提案する書．現行制度の抱える課題の分析や，課題を克服するための先行的な試み，提案を実現する上で超えなければならない問題点など事例を交えて検討する．

建築基準法令集　平成30年度版
3冊セット（函入り）

国土交通省住宅局・日本建築学会 編
A5

【内容紹介】建築主事，建築士，建築法規担当者必携！法令編・様式編・告示編の三冊セット．建築実務者が本当に必要とする内容を盛り込んだ座右の書．法令編＝建築基準法・同施行令・同施行規則の最新改正に対応，全文収録．建築士法など，関連法令・省令等をさらに充実，最新改正を反映．様式編＝実務に不可欠の様式を集めて「様式編」として便利な一冊に再編集．告示編＝建築基準法関係告示，その他関連主要告示を一挙掲載．圧倒的な掲載数を誇ります．

技報堂出版　TEL　営業 03(5217)0885　編集 03(5217)0881
　　　　　　FAX　03(5217)0886